ΣΙΓΑ-ΣΙΓΑ

Γιώργος Καράμπαλης

Cover illustration: Limeng Jing

Σχεδιασμός εξωφύλλου: Λιμένγκ Τζινγκ

ΕΙΣΑΓΩΓΗ

–

INTRODUCTION

Hello.

This book is mostly written in the present tense. The only verbs you can see in the past tense, are εἴμαι and ἔχω.

At times, the English translation features other tenses as well, since certain things are expressed differently in each language.

If you have the luxury of only knowing this tense in Greek, enjoy it while it lasts; you can live in the present, without worrying about the past, or the future.

Take it easy.

ΤΙ ΠΡΕΠΕΙ ΝΑ ΞΕΡΕΤΕ

-

WHAT YOU NEED TO KNOW

- A basic vocabulary, at A1 or A2
- How gender works in Greek
- Plurals for words in: $-\eta$, $-\alpha$, $-o$, $-\iota$, $-\mu\alpha$
  & masculine words in: $-o\varsigma$
- Nominative & accusative
- Verb conjugation in present tense
  (for endings: $-\omega$, $-\acute{\alpha}\omega$, $-\acute{\omega}$, $-o\mu\alpha\iota$, $-\acute{\alpha}\mu\alpha\iota$)
- Pronouns for direct & indirect objects
- The use of $\acute{o}\tau\iota$ and $\pi\omega\varsigma$ after verbs
- The use of πou as a relative pronoun

ΔΟΜΗ

\-

FORMAT

Section 1:

Ιστορία & Γλωσσάριο – Story & Glossary

Chapters feature certain words in bold letters. At the end of each chapter, you will find them listed in a glossary.

Section 2:

Ιστορία & Μετάφραση – Story & Translation

All chapters, with English translation under each paragraph.

Section 3:

Μεγάλο Γλωσσάριο – Grand Glossary

All words that have appeared in the glossaries of Section 1, alphabetically ordered, some with additional comments.

ΠΕΡΙΕΧΟΜΕΝΑ - CONTENTS

ΣΥΝΤΟΜΕΥΣΕΙΣ ΓΛΩΣΣΑΡΙΟΥ

-

GLOSSARY ABBREVIATIONS

n.	noun
v.	verb
adj.	adjective
adv.	adverb
pron.	pronoun
prep.	preposition
conj.	conjunction
intrj.	interjection
partl.	particle
pref.	prefix
lit.	literally

ΙΣΤΟΡΙΑ & ΓΛΩΣΣΑΡΙΟ

-

STORY & GLOSSARY

ΜΕΡΟΣ ΠΡΩΤΟ: ΠΡΟΛΟΓΟΣ

Α

Δε μένω **πια** εδώ. Είναι πολλά χρόνια τώρα που **ζω μακριά**, πολύ έξω από την **πόλη**. Πολύ έξω από τη **χώρα**.

Αλλά δεν ξέρω γιατί **γυρίζω κάθε φορά**. Τι είναι αυτό που με **κάνει** να θέλω να **περπατάω πάλι** σε αυτόν τον **δρόμο**, να **κάθομαι** σε αυτήν την **πλατεία**, να βλέπω τα **ίδια πρόσωπα** να **περνάνε**, **ξανά** και ξανά;

Τι είναι αυτό που θέλω να **θυμάμαι**;

Χμ... κακό **πράγμα** η νοσταλγία. Σε κάνει να ζεις στο **χθες**, και όχι στο τώρα. Οι άνθρωποι πρέπει να πηγαίνουν **μπροστά**, όχι να **μένουν** σε **κάτι παλιό** που δεν **υπάρχει** πια. **Πρέπει** να **μπορούν** να

φεύγουν, **χωρίς** να γυρίζουν. Η νοσταλγία, σε **κρατάει πίσω**.

(1)	**πια**	*adv.* anymore
(2)	**ζω**	*v.* 1. to be alive; 2. to live, to reside
(3)	**μακριά**	*adv.* far
(4)	**πόλη [η]**	*n.* city, town
(5)	**χώρα [η]**	*n.* country
(6)	**γυρίζω**	*v.* 1. to turn; 2. to return, to go back
(7)	**κάθε**	*pron.* every
(8)	**φορά [η]**	*n.* time (as in: 'one time', 'three times', etc.)
(9)	**κάνω**	*v.* 1. to do; 2. to make
(10)	**περπατάω**	*v.* to walk
(11)	**πάλι**	*adv.* again
(12)	**δρόμος [ο]**	*n.* street, road
(13)	**κάθομαι**	*v.* to sit, to sit down

(14)	**πλατεία [η]**	*n.* town/city square
(15)	**ίδιος -α -ο**	*adj.* same
(16)	**πρόσωπο [το]**	*n.* face
(17)	**περνάω**	*v.* to pass, to go by
(18)	**ξανά**	*adv.* again
(19)	**θυμάμαι**	*v.* to remember
(20)	**πράγμα [το]**	*n.* thing
(21)	**χθες**	*adv.* yesterday
(22)	**μπροστά**	*adv.* 1. forward, ahead; 2. in front of
(23)	**μένω**	*v.* 1. to stay; 2. to live, to dwell
(24)	**κάτι**	*pron.* something
(25)	**παλιός -ά -ό**	*adj.* old (not used for people's age)
(26)	**υπάρχω**	*v.* to exist

(27)	**πρέπει**	*v.* must, to have to
(28)	**μπορώ**	*v.* can, to be able to
(29)	**φεύγω**	*v.* to leave, to go away
(30)	**χωρίς**	*prep.* without
(31)	**κρατάω**	*v.* to hold, to keep
(32)	**πίσω**	*adv.* 1. back; 2. behind

B

Έχω μια όμορφη ζωή. **Πιστεύω** πως μου αρέσει η δουλειά μου, **αν και συχνά** με **κουράζει**. **Τουλάχιστον** μου δίνει **αρκετά χρήματα**. Εντάξει... δουλεύω πολύ, είναι **αλήθεια**. **Όμως**, η πολλή δουλειά είναι **καλύτερη** από την **καθόλου** δουλειά. Ξέρω ότι είναι πολλοί άνθρωποι **γύρω** μου που δεν έχουν **τίποτα**, και που **ακόμα ψάχνουν**. Ήμουν κι εγώ **κάποτε έτσι**... Όχι πια. Κι **ελπίζω ποτέ** ξανά.

Έχω μια όμορφη ζωή. **Τρέχω** ένα χιλιόμετρο κάθε **πρωί**, πίνω τσάι, διαβάζω βιβλία που με κάνουν καλύτερο άνθρωπο – έτσι θέλω να πιστεύω, **δηλαδή**. Έχω έναν σκύλο που με αγαπάει, και ένα **ζεστό** σπίτι που με περιμένει κάθε **απόγευμα** μετά τη δουλειά. Οι μέρες μου περνάνε χωρίς πολλά προβλήματα. Άλλες φορές πιο **γρήγορα**, άλλες φορές πιο **αργά**.

Έχω μια όμορφη ζωή. Δεν ήταν **πάντα** έτσι.

(1)	πιστεύω	*v.* to believe
(2)	αν	*conj.* if
(3)	αν και	*conj.* although
(4)	συχνά	*adv.* often, frequently
(5)	κουράζω	*v.* to tire
(6)	τουλάχιστον	*adv.* at least
(7)	αρκετός -ή -ό	*adj.* enough
(8)	χρήματα [τα]	*n.* money (formal)
(9)	αλήθεια [η]	*n.* truth
(10)	όμως	*conj.* but, however, though
(11)	καλύτερος -η -ο	*adj.* better
(12)	καθόλου	*adv.* (not) at all
(13)	γύρω	*prep.* around
(14)	τίποτα	*pron.* 1. nothing; 2. anything
(15)	ακόμα	*adv.* still

(16)	**ψάχνω**	*v.* to search, to look for
(17)	**κάποτε**	*adv.* at some point in time, once
(18)	**έτσι**	*adv.* like this, this way
(19)	**ελπίζω**	*v.* to hope
(20)	**ποτέ**	*adv.* never
(21)	**τρέχω**	*v.* to run
(22)	**πρωί**	*n.* morning
(23)	**δηλαδή**	*conj.* 1. that is to say; 2. in other words
(24)	**ζεστός -ή -ό**	*adj.* warm
(25)	**απόγευμα [το]**	*n.* late afternoon, early evening
(26)	**γρήγορα**	*adv.* fast, quickly
(27)	**αργά**	*adv.* 1. slowly; 2. late
(28)	**πάντα**	*adv.* always

Γ

Πριν έξι χρόνια, ήταν μία περίοδος που δεν είχα **σχεδόν** τίποτα. **Ούτε** δουλειά, ούτε **δικό** μου σπίτι. **Ούτε καν** έναν άνθρωπο **για να** μπορώ να του μιλάω από **κοντά**, και να του λέω **πόσο** θέλω να έχω αυτά τα πράγματα. **Κάπου** να μπορώ να **ανοίγω** την **καρδιά** μου.

Ήμασταν στο ίδιο σπίτι η μητέρα μου, ο πατέρας μου, κι εγώ. Οι **γονείς** μου μιλάνε μόνο για **καθημερινά** πράγματα: για το φαγητό που έχουν κάθε μέρα, για τη δουλειά τους, τις δουλειές στο σπίτι, και για αυτά που βλέπουν στην τηλεόραση. Δεν ξέρω πώς μπορούν να ζουν έτσι.

Το **βασικό** τους χόμπι **τότε**, ήταν να μου λένε πως δε θα κάνω ποτέ τίποτα στη ζωή μου, πως **χάνω** τον χρόνο μου, και πως είμαι **βάρος**. Έχουν **περίεργο** χιούμορ **καμιά φορά**.

Δεν είναι το καλύτερο πράγμα στον κόσμο να μένεις με τους γονείς σου στα είκοσι εννιά σου.

Για μένα, ήταν λίγο τραυματικό.

(1)	**πριν**	*adv.* 1. before, earlier; 2. ago
(2)	**σχεδόν**	*adv.* almost, nearly
(3)	**ούτε**	*conj.* neither, nor
(4)	**ούτε καν**	*conj.* not even
(5)	**δικός -ή -ό**	*adj.* own (as in: 'my own', 'mine')
(6)	**για**	*prep.* for
(7)	**για να**	*conj.* in order to
(8)	**κοντά**	*adv.* near
(9)	**πόσο**	*adv.* how much
(10)	**κάπου**	*adv.* somewhere
(11)	**ανοίγω**	*v.* to open
(12)	**καρδιά [η]**	*n.* heart
(13)	**γονείς [οι]**	*n.* parents (masculine)

(14)	**καθημερινός** -ή -ό	*adj.* daily, everyday
(15)	**βασικός** -ή -ό	*adj.* basic, main, primary
(16)	**τότε**	*adv.* back then, then
(17)	**χάνω**	*v.* to lose
(18)	**βάρος [το]**	*n.* weight, burden
(19)	**περίεργος** -η -ο	*adj.* strange, weird, odd
(20)	**καμιά φορά**	*adv.* sometimes

Δ

Για χρόνια, η **μόνη** μου **παρέα**, ήταν ο **υπολογιστής** μου, η μουσική, οι **ταινίες** και το ίντερνετ. Αυτό που **λέμε** «έξω **κόσμος**», για μένα ήταν **απλώς** πίξελ και **ήχος** από ένα παλιό **μηχάνημα**. Και ο μόνος **τρόπος** να μιλάω με άλλα **άτομα**, ήταν το **τσατ**.

Η αλήθεια είναι ότι τα πράγματα σήμερα δεν είναι πολύ **διαφορετικά**. Μου αρέσει να κάνω τσατ με κόσμο που δεν ξέρω. Σε άλλες πόλεις, σε άλλες χώρες, και συχνά με άλλη **κοσμοθεωρία**. Όταν τσατάρω, **νιώθω** ότι υπάρχουν άνθρωποι που με καταλαβαίνουν, και με ακούνε. Αν και δε ζούμε στο ίδιο **μέρος**, είναι **σαν** να υπάρχει **κάποιος δίπλα** μου, σαν να είναι και κάποιος άλλος στο **δωμάτιο**.

Ίσως απλώς ψάχνουμε το ίδιο πράγμα, και το **βρίσκουμε** ο ένας στον άλλον. **Μέχρι** τη **στιγμή** που ο υπολογιστής **κλείνει**, και μένουμε ξανά μόνοι. Το βράδυ **τελειώνει** – ή ίσως, **αρχίζει** – με μια ηλεκτρονική «καληνύχτα».

Image by Gordon Johnson from Pixabay.

(1)	**μόνος -η -ο**	*adj.* 1. alone; 2. only
(2)	**παρέα [η]**	*n.* company, group of friends
(3)	**υπολογιστής [ο]**	*n.* computer
(4)	**ταινία [η]**	*n.* movie, film
(5)	**λέω**	*v.* 1. to say, to tell; 2. to call by a name
(6)	**κόσμος [ο]**	*n.* 1. world; 2. people
(7)	**απλώς**	*adv.* simply, just
(8)	**ήχος [ο]**	*n.* sound
(9)	**μηχάνημα [το]**	*n.* machine
(10)	**τρόπος [ο]**	*n.* way, manner
(11)	**άτομο [το]**	*n.* 1. atom; 2. individual, person
(12)	**τσατ [το]**	*n.* online text chat

(13)	διαφορετικός -ή -ό	*adj.* different
(14)	κοσμοθεωρία [η]	*n.* worldview
(15)	νιώθω	*v.* to feel
(16)	μέρος [το]	*n.* place
(17)	σαν	*conj.* like, as
(18)	κάποιος -α -ο	*pron.* someone, some (certain)
(19)	δίπλα	*prep.* next to, beside
(20)	δωμάτιο [το]	*n.* room
(21)	ίσως	*adv.* maybe
(22)	βρίσκω	*v.* to find
(23)	μέχρι	*prep.* until
(24)	στιγμή [η]	*n.* moment
(25)	κλείνω	*v.* 1. to close, to shut; 2. to turn off

(26) **τελειώνω**   *v.* to finish, to end

(27) **αρχίζω**   *v.* to start, to begin

Ε

Τουλάχιστον τώρα έχω τον σκύλο μου. Είναι παιδί μου και φίλος μου την ίδια στιγμή, και ένας καλός **λόγος** να **βγαίνω** από το σπίτι, και να **μη** μένω **όλη** την ώρα μέσα όταν δεν είμαι στη δουλειά. Το μόνο κακό, είναι ότι δεν μπορούμε να τσατάρουμε **μαζί** όταν είμαι έξω και δεν τον **παίρνω** μαζί μου. Ίσως κάποια μέρα...

Μου δίνει μια ρουτίνα, ένα πρόγραμμα κι έναν τρόπο να οργανώνω τον χρόνο μου. Με **ζέστη**, με **κρύο**, με **βροχή**, με **χιόνι**, αυτό είναι μία αλήθεια που ποτέ δεν **αλλάζει**: Ο σκύλος πρέπει να βγαίνει να παίρνει αέρα και να πηγαίνει τουαλέτα, δύο φορές την ημέρα. Το ίδιο κι εγώ.

Εντάξει... όχι **ακριβώς** το ίδιο. Δεν πάω τουαλέτα πάντα δυο φορές, και συνήθως **προτιμώ** να πηγαίνω μέσα. Καμιά φορά όμως, η **βόλτα** παίρνει πολλή ώρα, και το σπίτι είναι μακριά... **Τελικά**, «τουαλέτα» είναι εκεί που *μπορείς να πας, όχι εκεί που πρέπει.*

Και **συνήθως**, δε βλέπει **κανένας**. Συνήθως...

(1) **λόγος [ο]**   *n.* reason

(2) **βγαίνω**   *v.* to go out, to get out, to exit

(3) **μη**   *partl.* 1. not (after *να*); 2. don't (prohibition)

(4) **όλος -η -ο**   *adj.* all

(5) **μαζί**   *adv.* together, with

(6) **παίρνω**   *v.* to take, to get

(7) **ζέστη [η]**   *n.* heat

(8) **κρύο [το]**   *n.* cold

(9) **βροχή [η]**   *n.* rain

(10) **χιόνι [το]**   *n.* snow

(11) **αλλάζω**   *v.* to change

(12) **ακριβώς**   *adv.* exactly

(13) **προτιμώ**   *v.* to prefer

(14) **βόλτα [η]**   *n.* walk, stroll

(15) **τελικά**   *adv.* after all

(16) **συνήθως**   *adv.* usually

(17) **κανένας**   *pron.* nobody

ΣΤ

Ζω μια ζωή με ένα ζώο που με θέλει πάντα δίπλα του, όμως πολλές φορές πιστεύω πως το **χρησιμοποιώ** για να μη νιώθω **μοναξιά**. Και για να μη θυμάμαι ότι δεν κάνω τα πράγματα που θέλω – ότι δεν κάνω **φιλίες, σχέση**, παιδιά. Κάποιες φορές λέω πως είναι καλύτερα χωρίς να έχεις κανέναν, όμως δεν το **εννοώ**. **Δυστυχώς** δεν έχω αρκετή **μισανθρωπία** για να μη θέλω άλλον άνθρωπο κοντά μου.

Ίσως απλώς μου αρέσει το δράμα. Ίσως **σκέφτομαι** πολύ, και βλέπω τη ζωή **μέσα από** ένα πεσιμιστικό πρίσμα. Ίσως η ψυχολογία μου είναι λίγο υποχόνδρια, και ο πρόλογος σε αυτό το βιβλίο τώρα αρχίζει να με κουράζει **κάπως**.

Έχω ακόμα λίγο κέικ στην κουζίνα. Πάω. **Τέτοιες** ώρες, **βοηθάει**.

(1)	**χρησιμοποιώ**	*v.* to use
(2)	**μοναξιά [η]**	*n.* loneliness
(3)	**φιλία [η]**	*n.* friendship
(4)	**σχέση [η]**	*n.* relationship
(5)	**εννοώ**	*v.* to mean to say
(6)	**δυστυχώς**	*adv.* unfortunately
(7)	**μισανθρωπία [η]**	*n.* misanthropy, hatred for humans
(8)	**σκέφτομαι**	*v.* to think, to contemplate
(9)	**μέσα από**	*prep.* through
(10)	**κάπως**	*adv.* 1. somehow; 2. somewhat, sort of
(11)	**τέτοιος -α -ο**	*pron.* such
(12)	**βοηθάω**	*v.* to help

ΜΕΡΟΣ ΔΕΥΤΕΡΟ: ΜΟΝΟΛΟΓΟΣ

Ζ

Σήμερα στη δουλειά όλοι μιλάνε για το μπόνους που θα έχουμε αυτόν τον **μήνα**. Τους ακούω, αλλά δε με **ενδιαφέρει** πολύ. Λίγα χρήματα **ακόμα** δε θα κάνουν τη ζωή μου καλύτερη, ούτε καν διαφορετική.

Κάθομαι στην κουζίνα στο **διάλειμμα**, και βλέπω κόσμο να λέει για οικονομικά προβλήματα, για τις **τιμές** στο σούπερ μάρκετ, και για **ακριβά** τηλέφωνα και **τσάντες** που θέλει.

Νομίζω πως μου αρέσει εδώ. Μιλάω λίγο με τα παιδιά από τη δουλειά όταν υπάρχει χρόνος. Το **θέμα σπάνια** είναι κάτι πολύ **ενδιαφέρον**. Αλλά τουλάχιστον λέμε κάτι. Κάποιες φορές πάμε μαζί για καφέ ή για φαγητό μετά. Καμιά φορά με **ξεχνάνε** και δε μου λένε να πάω κι εγώ μαζί τους. **Μερικές** φορές **πληρώνω** εγώ τον

λογαριασμό, για να τους βοηθάω να με θυμούνται πιο εύκολα.

Image by Gordon Johnson from Pixabay.

(1)	**μήνας [ο]**	*n.* month
(2)	**ενδιαφέρω**	*v.* to interest
(3)	**ακόμα**	*adv.* 1. still; 2. more
(4)	**διάλειμμα [το]**	*n.* break
(5)	**τιμή [η]**	*n.* price
(6)	**ακριβός -ή -ό**	*adj.* expensive
(7)	**τσάντα [η]**	*n.* 1. bag; 2. purse
(8)	**νομίζω**	*v.* to think, to be under an impression
(9)	**θέμα [το]**	*n.* 1. topic, theme; 2. issue
(10)	**σπάνια**	*adv.* rarely
(11)	**ενδιαφέρον**	*adj.* interesting (neuter)
(12)	**ξεχνάω**	*v.* to forget
(13)	**μερικοί -ές -ά**	*pron.* some

(14) **πληρώνω** *v.* to pay

(15) **λογαριασμός [ο]** *n.* bill

Η

Πολλή δουλειά αυτές τις μέρες. Δε με **πειράζει**. Βοηθάει όταν δε θέλω να σκέφτομαι πολύ. Αλλά οι **διακοπές** είναι κοντά. Λίγες εβδομάδες **μένουν**.

Χαίρομαι, αλλά όχι **επειδή** δε θα δουλεύω για μια **εβδομάδα**. Υπάρχει κάτι που θέλω να κάνω κάθε φορά που είμαι σε διακοπές, κι είναι πάντα το ίδιο: να πηγαίνω πίσω. Πίσω στην ίδια χώρα, στην ίδια πόλη, πίσω στον χρόνο.

Πολλές φορές, νομίζω ότι δεν πρέπει να ζω στο μέρος που μένω, και ότι το μόνο που θέλω είναι να **ξανα**ζώ τις ίδιες **σκηνές** από παλιά. Ακόμα δεν ξέρω αν είναι σκηνές από τη ζωή μου ή από τη φαντασία μου.

Κάνω πολλά χρόνια το ίδιο **ταξίδι**, όμως δε βρίσκω αυτό που θέλω.

(1) **πειράζω**   *v.* to bother

(2) **διακοπές [οι]**   *n.* holidays (feminine)

(3) **μένω**   *v.* 1. to stay; 2. to live; 3. to be left, to remain

(4) **χαίρομαι**   *v.* to be glad, to rejoice

(5) **επειδή**   *conj.* because

(6) **εβδομάδα [η]**   *n.* week

(7) **ξανα-**   *pref.* re-

(8) **σκηνή [η]**   *n.* scene

(9) **ταξίδι [το]**   *n.* trip

Θ

Κακό πράγμα η νοσταλγία... Λίγο πριν το ταξίδι μου, διαβάζω αυτό που γράφω στο **ημερολόγιό** μου έναν χρόνο πριν:

«Δεν ξέρω γιατί, αλλά όλα **τελευταία** αρχίζουν με ένα "δεν": "Δεν κοιμάμαι αρκετά", "δεν τρώω καλά", "δε μιλάω σε κανέναν".

Εντάξει... υπάρχουν και καλά πράγματα που αρχίζουν με "δεν". Για **παράδειγμα**, "δεν πάω στο καζίνο κάθε μέρα", "δεν παίρνω πολλά ναρκωτικά" ή "δεν έχω πια **διάρροια**"».

Το μόνο «δεν» που πρέπει να υπάρχει εδώ, είναι το: «Δεν έχω κωμικό ταλέντο». Και **φυσικά**, έναν χρόνο μετά, τα πράγματα είναι ακόμα ίδια.

Το ημερολόγιο σήμερα δεν αρχίζει πολύ διαφορετικά: «Δεν ξέρω τι είναι πιο τραγικό. Η ζωή μου, ή το χιούμορ μου;».

(1) **ημερολόγιο [το]**   *n.* 1. calendar; 2. diary

(2) **τελευταίος -α -ο**   *adj.* last

(3) **τελευταία**   *adv.* lately

(4) **παράδειγμα [το]**   *n.* example

(5) **διάρροια [η]**   *n.* diarrhoea

(6) **φυσικός -ή -ό**   *adj.* natural

(7) **φυσικά**   *adv.* naturally, of course

I

Είναι η **πρώτη** φορά που γράφω στο ημερολόγιο **ενώ** είμαι διακοπές.

Μέρα πρώτη – Πέμπτη

«**Επιτέλους**, διακοπές. Το ταξίδι ήταν λίγο **κουραστικό**, **όπως** πάντα, όμως είμαι εδώ τώρα. Περιμένω πολύ **καιρό**. Έχω μία εβδομάδα για να κάνω αυτά που θέλω. Είναι αρκετός χρόνος. Ή **μήπως** όχι;»

Μέρα **τρίτη** – Σάββατο

«Τις πρώτες τρεις μέρες δε βγαίνω από το σπίτι. Οι γονείς μου νομίζουν πως έχω αγοραφοβία. Εγώ τους λέω πως έχω απλώς νοσταλγία για το σπίτι μου, το παιδικό μου δωμάτιο, και το σπιτικό φαγητό. Η αλήθεια είναι ότι απλώς δε με **παίρνει** κανένας τηλέφωνο για να πάμε έξω μαζί».

Μέρα **τέταρτη** – Κυριακή

«Είναι πρωί και οι γονείς μου πάνε στην **εκκλησία**. Δεν είναι κανένας άλλος εδώ. Σκέφτομαι να πάω μέχρι την πλατεία.».

(1) πρώτος -η -ο   *adj.* first

(2) ενώ   *conj.* 1. while;
                          2. whereas

(3) επιτέλους   *adv.* at last, finally

(4) κουραστικός -ή -ό   *adj.* tiring

(5) όπως   *adv.* as, like, just like

(6) καιρός [ο]   *n.* 1. time;
                          2. weather

(7) μήπως   *conj.* by any chance,
                          could it be

(8) τρίτος -η -ο   *adj.* third

(9) παίρνω τηλέφωνο   *v.* to call, to make a
                          phone call

(10) τέταρτος -η -ο   *adj.* fourth

(11) εκκλησία [η]   *n.* church

ΙΑ

Κάθομαι σε μία καφετέρια. **Κοιτάζω** τον κόσμο που περνάει. Οι άνθρωποι μιλάνε ο ένας στον άλλον, **γελάνε**. Λίγα μέτρα μακριά, είναι δύο μουσικοί με **ασπρόμαυρα ρούχα** και μεγάλα **κόκκινα καπέλα**. Παίζουν κλασική μουσική. Δύο γυναίκες. Η μία παίζει **ξυλό**φωνο και η άλλη μεταλλόφωνο. Ο «**Χειμώνας**», από τις «Τέσσερις **Εποχές**», Βιβάλντι.

Πρώτη φορά ακούω κάτι τέτοιο με τέτοια όργανα. Έχει πολύ διαφορετική **αισθητική** χωρίς βιολί, αλλά έχει ακόμα την ίδια μελαγχολία. Αρχίζει σαν σκηνή από ταινία θρίλερ, και **συνεχίζει** με ένα επικό ντελίριο από νότες που σχεδόν περνάνε μέσα από το **κεφάλι** σου.

Πολλοί προτιμούν την «**Άνοιξη**», αλλά πάντα ο «Χειμώνας» ήταν η **αγαπημένη** μου εποχή. Και δε μιλάω μόνο για τον Βιβάλντι. Σκέφτομαι ότι δεν ακούω ούτε παίζω πια μουσική, όπως παλιά.

(1)	κοιτάζω	*v.* to look at
(2)	γελάω	*v.* to laugh
(3)	άσπρος -η -ο	*adj.* white
(4)	μαύρος -η -ο	*adj.* black
(5)	ρούχο [το]	*n.* piece of clothing
(6)	κόκκινος -η -ο	*adj.* red
(7)	καπέλο [το]	*n.* hat
(8)	ξύλο [το]	*n.* wood
(9)	χειμώνας [ο]	*n.* winter
(10)	εποχή [η]	*n.* 1. season; 2. era
(11)	αισθητική [η]	*n.* aesthetics
(12)	συνεχίζω	*v.* to continue
(13)	κεφάλι [το]	*n.* head
(14)	άνοιξη [η]	*n.* spring (season)
(15)	αγαπημένος -η -ο	*adj.* favourite

IB

Το μουσικό μου **γούστο** είναι ακόμα το ίδιο. Λίγη κλασική, λίγη τζαζ, και πολλή μπλουζ, σόουλ και κάντρι. **Ακόμα και** μπλακ μέταλ, όταν τα πράγματα είναι δύσκολα. **Ακόμα κι αν** δεν καταλαβαίνω τίποτα όταν **τραγουδάνε**. Θέλω μόνο να νιώθω την ατμόσφαιρα.

Είναι ωραίο να βρίσκεις **καινούργια** μουσική να ακούς, και να μη μένεις στα παλιά. Κάποτε, όταν ήμουν χωρίς δουλειά, σχεδόν όλα μου τα χρήματα – από τα πολύ λίγα που είχα –, ήταν για να παίρνω βινύλια και σιντί.

Τα τελευταία χρόνια, όχι μόνο δεν ακούω τίποτα **νέο**, αλλά ούτε καν τη μουσική που ξέρω **ήδη** ότι μου αρέσει. **Ποιος** ξέρει γιατί. **Σίγουρα** υπάρχει χρόνος στη ζωή μου για μουσική. Ίσως δεν υπάρχει **χώρος** στο **μυαλό** μου. Ή δε θέλω εγώ να υπάρχει.

Τώρα που το σκέφτομαι, η ζωή μου έξω από τη δουλειά είναι μόνο **διάβασμα**, τσάι, και **τρέξιμο**. Και **σιωπή**, σαν τις ταινίες που κάνει ο Μπέργκμαν.

«Κάνει»;; **Μα** τι λέω, αυτός δε ζει πια... Και **μάλλον** ούτε κι εγώ.

(1)	γούστο [το]	n. taste
(2)	ακόμα και	conj. even
(3)	ακόμα κι αν	conj. even if
(4)	τραγουδάω	v. to sing
(5)	καινούργιος -α -ο	adj. new
(6)	νέος -α -ο	adj. 1. new; 2. young
(7)	ήδη	adv. already
(8)	ποιος -α -ο	pron. 1. who; 2. which
(9)	σίγουρα	adv. definitely, certainly
(10)	χώρος [ο]	n. space
(11)	μυαλό [το]	n. mind, brain
(12)	διάβασμα [το]	n. reading
(13)	τρέξιμο [το]	n. running
(14)	σιωπή [η]	n. silence
(15)	μα	conj. but

(16) **μάλλον**   *adv.* 1. probably

2. but rather,

more like

Image by Gordon Johnson from Pixabay.

ΙΓ

– Θέλετε **πάγο** με το νερό;

Ο σερβιτόρος έρχεται **πού και πού**, και με **βγάζει** από τον κόσμο που **φτιάχνω** στη φαντασία μου.

– Όχι, χωρίς πάγο.

– Το τσάι όπως πάντα με **ζάχαρη**, έτσι;

– Χωρίς.

– Εντάξει.

Ξαφνικά, ακούω μια **φωνή** έξω από την καφετέρια να **φωνάζει**:

– Δεν το πιστεύω! Πού είσαι εσύ;! Πόσα χρόνια;!

Γυρίζω το κεφάλι μου και κοιτάζω, κάποια από το **τραπέζι** δίπλα μου **αφήνει** την **καρέκλα** της, και αρχίζει να περπατάει **προς** την πόρτα.

– Ενώ εσύ..! **Τόσα** χρόνια είσαι φάντασμα! Έλα για καφέ!

«Παλιές φίλες», σκέφτομαι. Είχα μια μικρή **ελπίδα** ότι μιλάνε σε μένα.

«Δεν πειράζει, **έτσι κι αλλιώς** δε μου αρέσει ο καφές», λέω στον **εαυτό** μου, ενώ ο σερβιτόρος αφήνει στο τραπέζι ένα **ποτήρι** νερό με τρία **παγάκια**, και αρχίζω να πίνω ένα **αρκετά γλυκό** τσάι **γιασεμί**.

(1) **πάγος [ο]**   *n.* ice

(2) **πού και πού**   *adv.* from time to time

(3) **βγάζω**   *v.* 1. to take out;
2. to remove, to take off

(4) **φτιάχνω**   *v.* to make, to craft,
to build, to manufacture

(5) **ζάχαρη [η]**   *n.* sugar

(6) **ξαφνικός -ή -ό**   *adj.* sudden

(7) **ξαφνικά**   *adv.* suddenly

(8) **φωνή [η]**   *n.* voice

(9) **φωνάζω**   *v.* to shout

(10) **τραπέζι [το]**   *n.* table

(11) **αφήνω**   *v.* to leave
(something or someone)

(12) **καρέκλα [η]**   *n.* chair

(13) **προς**   *prep.* towards

(14)	**τόσος** -η -ο	*pron.* that much, so much
(15)	**τόσοι** -ες -α	*pron.* that many, so many
(16)	**ελπίδα** [η]	*n.* hope
(17)	**αλλιώς**	*adv.* in a different way, otherwise
(18)	**έτσι κι αλλιώς**	*adv.* 1. anyway; 2. besides
(19)	**εαυτός** [ο]	*n.* self
(20)	**ποτήρι** [το]	*n.* glass (for drinking)
(21)	**παγάκι** [το]	*n.* ice cube
(22)	**αρκετά**	*adv.* 1. enough; 2. quite
(23)	**γλυκός** -ιά -ό	*adj.* sweet
(24)	**γιασεμί** [το]	*n.* jasmine

ΙΔ

Ενώ πίνω, διαβάζω ένα βιβλίο **για** τη γιόγκα.
Ίσως είναι καλή ιδέα να κάνω λίγη **γυμναστική**
στο σπίτι, στη ζέστη μου, μπροστά στον σκύλο,
με αργή μους—

«Με θυμάσαι;»

...Ακούω μια αντρική φωνή πάνω από το κεφάλι
μου.

Συνεχίζω να διαβάζω. Έτσι κι αλλιώς, κανένας
εδώ δε μου μιλάει πια. Δε με θυμάται κανένας,
κανένας δε με παίρνει τηλέφ—

– Από τη φιλαρμονική ορχήστρα. Παίζεις
ακόμα σαξόφωνο;

– Σε... θυμάμαι. Όχι, δεν παίζω, δυστυχώς...
Δεν έχω χρόνο... νομίζω. Εσύ; Παίζεις;

– Παίζω, έχουμε μία μικρή μπάντα, με τα
παιδιά από το σχολείο. Ήμασταν μαζί και στο

λύκειο, θυμάσαι; Είναι πολλά χρόνια που δε σε βλέπω, πού μένεις; Ξέρω ότι ήσουν εδώ μέχρι πριν έξι χρόνια, με τους γονείς σου, αλλά μετά; Όλα καλά **γενικά**;

– Καλά όλα, ναι... Δε μένω εδώ, είμαι στο **εξωτερικό**... Θέλεις τσάι;

– Όχι ευχαριστώ. Έχω να πάω κάπου, με περιμένουν. Ελπίζω να σε βλέπω πιο συχνά. Ήσουν το καλύτερο τενόρο σαξόφωνο.

– Μα...

– Γεια, τα λέμε!

– ...ήμουν το μόνο τενόρο σαξόφωνο τότε...

(1)	**για**	*prep.* 1. for; 2. about
(2)	**γυμναστική [η]**	*n.* physical exercise, working out
(3)	**λύκειο [το]**	*n.* high school, lyceum
(4)	**γενικά**	*adv.* generally, in general
(5)	**εξωτερικό [το]**	*n.* places abroad

ΙΕ

Τι περίεργος τύπος. **Πώς και** με θυμάται; Θέλει κάτι από μένα; **Τέλος πάντων**. Πού ήμουν;

Α, ναι. Το βιβλίο λέει ότι η γιόγκα κάνει καλό στο **σώμα** και στο μυαλό, και ότι μέσα από αυτή, βρίσκεις τον εαυτό σου. Μερικές φορές, νομίζω πως βρίσκω τον εαυτό μου το πρωί και τον χάνω ξανά το βράδυ...

Πω πω, τι ωραία ήταν τότε, όταν ήμουν στην ορχήστρα! Είναι φανταστικό να παίζεις μουσική ενώ περπατάς στο δρόμο ρυθμικά με το όργανό σου στο χέρι. Και να είσαι μαζί με όλη την μπάντα... μέσα σε κάτι πιο μεγάλο από σένα, που **εκείνη** τη στιγμή είναι το πιο **σημαντικό** πράγμα στον κόσμο. Και νιώθεις ότι **μετράς**.

Δεν νομίζω πως αυτό που **χρειάζομαι** αυτή τη στιγμή στη ζωή μου είναι η γιόγκα.

(1) **πώς και**   *adv.* how come

(2) **τέλος [το]**   *n.* end

(3) **τέλος πάντων**   *intrj.* anyway, whatever

(4) **σώμα [το]**   *n.* body

(5) **εκείνος -η -ο**   *pron.* that, that one

(6) **σημαντικός -ή -ό**   *adj.* important

(7) **μετράω**   *v.* 1. to count;
2. to matter
(metaphorical)

(8) **χρειάζομαι**   *v.* to need

ΜΕΡΟΣ ΤΡΙΤΟ: ΔΙΑΛΟΓΟΣ

ΙΣΤ

Σιγά-σιγά, νιώθω τα μάτια μου να ανοίγουν.

– Πώς ήταν;

– Ήταν... **αποκάλυψη**.

– Σαν την Αποκάλυψη στη Βίβλο;

– Όχι, σαν ένα **όνειρο** που **αποκαλύπτει** κάτι σημαντικό που δεν ξέρω.

– Κάτι που δεν ξέρεις; Για ποιο πράγμα;

– Για μένα, για τον εαυτό μου.

– Και ποια ήταν η αποκάλυψη;

– Ότι όλα αυτά τα χρόνια, αυτό που **φοβάμαι** δεν είναι οι άλλοι, αλλά εγώ. Νομίζω ότι δεν έχω ανθρωποφοβία τελικά, μα εαυτοφοβία.

– Και τι πιστεύεις πως πρέπει να κάνεις για αυτό;

– Να μην αφήνω τον εαυτό μου πολλή ώρα μόνο του.

– Και τι άλλο;

– Χμ... να του λέω πως στο τέλος όλα θα πάνε καλά;

– **Καλωσήρθατε** στον παράδεισο με τα **κλισέ** και τα **μπανάλ**.

– Αμήν... Μιλάω σαν βιβλίο για **αυτοβοήθεια**. Σαν αυτά που παίρνεις με δύο ευρώ από το **περίπτερο**. Αλλά ξέρεις κάτι; Νομίζω ότι αυτή η θεραπεία με την ύπνωση, βοηθάει πολύ.

(1)	**σιγά**	*adv.* slowly
(2)	**σιγά-σιγά**	*adv.* bit by bit, gradually, at a slow pace
(3)	**αποκάλυψη [η]**	*n.* 1. revelation; 2. Apocalypse
(4)	**αποκαλύπτω**	*v.* to reveal, to uncover
(5)	**όνειρο [το]**	*n.* dream
(6)	**φοβάμαι**	*v.* to be afraid, to fear
(7)	**καλωσήρθατε**	*v.* welcome (addressing more than one person)
(8)	**κλισέ**	*adj.* cliché
(9)	**μπανάλ**	*adj.* banal
(10)	**αυτο-**	*pref.* self-
(11)	**βοήθεια [η]**	*n.* help
(12)	**περίπτερο [το]**	*n.* kiosk

ΙΖ

Η ψυχολόγος βλέπει τον ενθουσιασμό στα μάτια μου, και μένει για λίγο χωρίς να μιλάει. Έξω, ακούω την πόλη να συνεχίζει να ζει τη μέρα της – αυτοκίνητα, ζώα, άνθρωποι. Η ψυχολόγος περιμένει, περνάνε δύο λεπτά. Στο τέλος **σταυρώνει** τα χέρια της, και λέει:

– Τι σε **φοβίζει** στον εαυτό σου;

– Με φοβίζουν αυτά που λέω, αυτά που κάνω, αυτά που σκέφτομαι...

– Πιστεύεις ότι λες, κάνεις ή σκέφτεσαι κάτι **λάθος**;

– Νιώθω σαν να είμαι από άλλον κόσμο. Ότι δεν είμαι από εδώ.

– Τι εννοείς;

– Εννοώ... Ξέρεις... Είναι ωραία να φεύγεις για λίγο, να μη σκέφτεσαι. Αλλά το βράδυ, στο

κρεβάτι, λίγο πριν τον **ύπνο**, κανένας άνθρωπος δεν **ξεφεύγει** από τον εαυτό του.

– Ούτε εσύ, **υποθέτω**.

– Ουφ! Πολύ φιλοσοφικά μιλάω…. Κάνει κρύο εδώ μέσα; Ή μόνο εγώ **κρυώνω**;

– Όχι, δεν κάνει καθόλου κρύο.

– Τότε γιατί κρυώνω **τόσο**;

– Γιατί ακόμα κοιμάσαι.

(1) **σταυρός [ο]**   *n.* cross

(2) **σταυρώνω**   *v.* 1. to cross; 2. to crucify

(3) **φοβίζω**   *v.* to scare

(4) **λάθος [το]**   *n.* mistake; *adj.* wrong

(5) **κρεβάτι [το]**   *n.* bed

(6) **ύπνος [ο]**   *n.* sleep

(7) **φεύγω**   *v.* to leave, to depart, to go away

(8) **ξεφεύγω**   *v.* to escape

(9) **υποθέτω**   *v.* to assume, to hypothesise

(10) **κρυώνω**   *v.* to be cold

(11) **τόσο**   *adv.* that (much), so (much)

ΙΗ

Ξυπνάω, κάπως ξαφνικά. Κάθομαι ακόμα στην καρέκλα, σχεδόν δεν καταλαβαίνω πού είμαι, ούτε αν κοιμάμαι ακόμα ή όχι.

Τελικά αυτή η θεραπεία δεν είναι τόσο **απλή**. Όταν κλείνω τα μάτια, νομίζω ότι βλέπω τον εαυτό μου να παίζει σε μία σειρά στην τηλεόραση. Κάθε επεισόδιο είναι **περίπου** ίδιο με το **προηγούμενο** και με το **επόμενο**, όμως εγώ τα νιώθω σαν να είναι διαφορετικά. Αλλά δεν καταλαβαίνω ούτε το πώς ούτε το γιατί.

Ένας ψυχολογικός λαβύρινθος. Δεν ξέρω ούτε πώς **μπαίνω** ούτε πώς βγαίνω. Αυτά που βλέπω στην ύπνωση – οι άνθρωποι, τα ζώα, τα μέρη – δεν είναι ούτε **γνωστά** ούτε **άγνωστα**. Όμως είναι σαν να ήταν πάντα εκεί. Το θέμα είναι: πού είναι αυτό το «εκεί»;

(1)	**ξυπνάω**	*v.* to wake up
(2)	**απλός -ή -ό**	*adj.* simple
(3)	**περίπου**	*adv.* approximately
(4)	**προηγούμενος -η -ο**	*adj.* previous
(5)	**επόμενος -η -ο**	*adj.* next
(6)	**μπαίνω**	*v.* to enter, to get in, to go in
(7)	**γνωστός -ή -ό**	*adj.* known
(8)	**άγνωστος -η -ο**	*adj.* unknown
(9)	**σταματάω**	*v.* to stop, to cease

ΙΘ

Ο ψυχολόγος **βάζει** τα χέρια πάνω στην καρέκλα του, με **κοιτάει**, και μου λέει:

— **Λοιπόν**;

— Στον ύπνο μου, ήσουν γυναίκα.

— Ίσως ήμουν στην προηγούμενή μου ζωή, ποιος ξέρει. Μιλάς πολύ στον ύπνο σου. Τουλάχιστον σήμερα.

— Ωχ, μάλλον δεν πρέπει.

— Παίζεις **όντως** σαξόφωνο;

— Παλιά. Για δεκαπέντε χρόνια. Τενόρο σαξόφωνο.

— Ενδιαφέρον.

— Κάνω πολλά πράγματα που δεν ξέρεις. Δηλαδή... πια δεν τα κάνω ακριβώς. Όμως ξέρω να τα κάνω.

– Και γιατί δε μιλάς για αυτά;

– Μάλλον επειδή νιώθω ότι δεν είμαι πια έτσι. Είμαι ένας άλλος άνθρωπος τώρα, διαφορετικός. Κάνω άλλα πράγματα.

– Στην καθημερινή σου ζωή, ναι. Αλλά ο χαρακτήρας σου; Αυτά που θέλεις; Πιστεύεις ότι είναι διαφορετικά τώρα;

– Κοίτα, σίγουρα έχω λεφτά, επιτέλους. Έχω το σπίτι μου, τη δουλειά μου, τον σκύλο μου, τα βιβλία μου. Μπορώ να κάνω αυτά που θέλω.

– Για παράδειγμα;

– Για παράδειγμα, τώρα έχω **λεφτά** να πάω σε ψυχολόγο.

(1) **βάζω**   *v.* to put

(2) **κοιτάω**   *v.* to look at (another
                        version of *κοιτάζω*)

(3) **λοιπόν**   *conj.* so..., well...

(4) **όντως**   *adv.* 1. indeed; 2. actually

(5) **λεφτά [τα]**   *n.* money (informal)

Κ

Φεύγω από την ψυχοθεραπεία, και βγαίνω έξω στον δρόμο. **Βρέχει**, **φυσάει**, και κάνει κρύο. «Ωραίος καιρός για να ψάχνεις τι θέλεις στη ζωή σου», σκέφτομαι, χωρίς να ξέρω αν το λέω σαρκαστικά ή όχι.

Φτάνω στο τρένο. Μπαίνω μέσα, οι πόρτες κλείνουν. Έχει κόσμο, είναι η ώρα που τελειώνουν όλοι τη δουλειά. Δεν κάθομαι, **στέκομαι** μπροστά στην πόρτα, και κοιτάω τον εαυτό μου στο **γυαλί**. «Παλιά είχα καλύτερο γούστο στα ρούχα. Τώρα που έχω λεφτά να παίρνω αυτά που θέλω, δε με ενδιαφέρει πια τι θα **φοράω**.»

Το τρένο σταματάει, οι πόρτες ανοίγουν. Βγαίνω πάλι έξω στη βροχή, στον αέρα, και στο κρύο. Περπατάω γρήγορα. Μου αρέσει αυτός ο καιρός, αλλά μόνο όταν είμαι μέσα. Κάπως υποκριτικό, ίσως. Κάποιοι δεν έχουν πού **αλλού** να πάνε, και μάλλον δεν τους αρέσει πολύ ο χειμώνας.

Image by Gordon Johnson from Pixabay.

(1) **βρέχω**   *v.* to make something wet

(2) **βρέχει**   *v.* it rains, it is raining

(3) **φυσάω**   *v.* to blow

(4) **φυσάει**   *v.* it is windy

(5) **φτάνω**   *v.* to arrive

(6) **στέκομαι**   *v.* to stand

(7) **γυαλί [το]**   *n.* glass

(8) **φοράω**   *v.* to wear, to put on

(9) **αλλού**   *adv.* elsewhere

ΚΑ

Φτάνω σπίτι. Ο σκύλος μου έρχεται στην πόρτα, τον **φιλάω**. Βγάζω τα **παπούτσια** μου, πάω προς το **γραφείο**, και κάθομαι μπροστά στον υπολογιστή. Βάζω τα πόδια μου πάνω στο μαύρο **κουτί** κάτω από το γραφείο, που το έχω μόνο για να βάζω τα πόδια μου πάνω. Ανοίγω το τσατ. Έχω **μήνυμα**.

– Είχες ψυχοθεραπεία;

– Ναι, πώς το ξέρεις;

– Είναι Τρίτη σήμερα.

– Α, ναι. **Σωστά**...

– Πώς είσαι; Δεν είχες δουλειά;

– Αυτές τις μέρες όχι. Καλά είμαι. Νομίζω, δηλαδή. Απλώς...

– Απλώς τι;

– Υπάρχει κάτι που δε λέω στον ψυχολόγο.

– Δηλαδή;

– Δηλαδή... νομίζω πως **ντρέπομαι** για κάτι. Κάτι από παλιά.

– Πόσο παλιά;

– Μάλλον πολύ. Δεν το θυμάμαι καθόλου, δεν έχω ιδέα τι μπορεί να είναι.

Συνεχίζω να γράφω, αλλά ο υπολογιστής ξαφνικά κλείνει. Η μπαταρία μάλλον. Κοιτάω την ώρα. Ο σκύλος μου περιμένει ήδη μπροστά στην πόρτα για τη βόλτα του.

(1) **φιλάω**   *v.* to kiss

(2) **παπούτσι [το]** *n.* shoe

(3) **γραφείο [το]**   *n.* desk

(4) **κουτί [το]**   *n.* box

(5) **μήνυμα [το]**   *n.* message

(6) **σωστός -ή -ό**   *adj.* correct, right

(7) **ντρέπομαι**   *v.* 1. to be [too] shy;
                       2. to be embarrassed or
                       ashamed

ΚΒ

Στο πάρκο, ο σκύλος τρέχει **παντού**. Εγώ κάθομαι, **ευτυχώς** τρέχει η **μύτη** μου για μένα. Ένας **τύπος** παίζει κιθάρα μέσα στο κρύο και τραγουδάει, κλασικό ροκ. Προτιμώ μπλουζ, αλλά του δίνω λίγα χρήματα ενώ φεύγω από το πάρκο.

Φτάνω πάλι σπίτι. Ο σκύλος πάει στο δωμάτιο, εγώ ξανακάθομαι στον υπολογιστή. Διαβάζω το τελευταίο μήνυμα: «Είσαι εδώ;»

– Συγγνώμη, μπαταρία. Ήμουν έξω με τον σκύλο.

– Χαχα, εντάξει, δεν πειράζει. Τι ώρα είναι εκεί;

– Δέκα, εκεί;

– **Μεσάνυχτα**. Τι θα κάνεις τώρα; Εγώ θα πάω για ύπνο.

Τα πόδια μου νιώθουν το κουτί που είναι κάτω.

– Εγώ όχι ακόμα. Έχω κάτι να κάνω.

– Εντάξει, τα λέμε, καληνύχια!

– Καλό βράδυ, μιλάμε.

Κλείνω γρήγορα τον υπολογιστή. Πάω κάτω από το γραφείο, παίρνω το κουτί. Το ανοίγω.

«Πόσα χρόνια...» σκέφτομαι. **Παραδόξως**, αν και το **φως** στο δωμάτιο είναι λίγο, αυτό που έχει μέσα το κουτί **φαίνεται** πολύ **καθαρά**. Το παίρνω στα χέρια μου. Το κρατάω για λίγο. Το **φέρνω** στο **στόμα** μου. Φυσάω.

Το σώμα μου ηλεκτρίζεται.

(1)	**παντού**	*adv.* everywhere
(2)	**ευτυχώς**	*adv.* fortunately, luckily
(3)	**μύτη [η]**	*n.* nose
(4)	**τύπος [ο]**	*n.* 1. type; 2. kind; 3.guy
(5)	**μεσάνυχτα [τα]**	*n.* midnight
(6)	**παραδόξως**	*adv.* paradoxically, surprisingly
(7)	**φως [το]**	*n.* light
(8)	**φαίνομαι**	*v.* 1. to seem; 2. to be visible, to show
(9)	**καθαρός -ή -ό**	*adj.* clean, clear
(10)	**καθαρά**	*adv.* clearly
(11)	**φέρνω**	*v.* to bring
(12)	**στόμα [το]**	*n.* mouth

ΚΓ

«Πού ήσουν τόσον καιρό;»

Ενώ το κρατάω, με κοιτάζει αινιγματικά.

– Κάτω από τα πόδια σου.

– Ε; Τι; Εντάξει, αυτό ήταν, χρειάζομαι ψυχίατρο, όχι ψυχολόγο. Ακούω φωνές. Τα σαξόφωνα μιλάνε;

– Μόνο μετά από είκοσι εφτά χρόνια.

– Μα..! Τι...;

– Θυμάσαι να παίζεις;

– Είναι πολλά χρόνια που δεν παίζω...

– Έλα.

Παίρνω το όργανο και το φέρνω πάλι στο στόμα μου. Φυσάω. Βγαίνουν οι πρώτες νότες. Το «Μοριτάτ» – ή αλλιώς: «Ο Μακ με το

Μαχαίρι» – του Κουρτ Βάιλ, όπως το παίζει ο Σόνι Ρόλινς.

Τα τα τααα τατα. Τατα τα τααα τατα.

Παίζω τα πρώτα οχτώ **μέτρα**. Μόνο τόσο θυμάμαι. Σταματάω.

– Ξεχνάς εύκολα.

– Μη μιλάς. Παίζω.

Σιγά-σιγά η μελωδία έρχεται ξανά στο μυαλό μου.

Τελικά η νοσταλγία δεν είναι τόσο κακή. Αν και, σήμερα δεν παίζω ακριβώς σαξόφωνο. Μάλλον κακόφωνο.

– Τι ώρα είναι; Δέκα και **μισή**.

– Μην κοιτάς, ακόμα **νωρίς** είναι. Έλα, παίζεις τώρα.

– Επιτέλους **συμφωνούμε** σε κάτι.

(1) **μέτρο [το]**   *n.* 1. metre; 2. measure;
                     3. bar (in music score)

(2) **μισός -ή -ό**   *adj.* half

(3) **νωρίς**   *adv.* early

(4) **συμφωνώ**   *v.* to agree

ΚΔ

– Αρκετά για σήμερα νομίζω, **νυστάζω**. Παίζω σχεδόν δύο ώρες.

– Ναι, κι εγώ. Η τελευταία φορά ήταν πριν δώδεκα χρόνια. Πάει καιρός...

– Ναι. Τώρα θα πάω στο κρεβάτι.

– Κι εγώ;

– Εσύ τι; Θα πας στο κουτί σου.

– Ναι, αλλά... Δε μου αρέσει να μένω κάθε βράδυ εδώ, κάτω από αυτό το γραφείο. Και **απόψε**, δε θέλω ούτε το κουτί. Θέλω λίγο αέρα.

– Και τι **θες** δηλαδή;

– Έχω μια ιδέα... Ξέρεις... μπορούμε να—

– Πφφ, καλά, ξέρω τι ιδέα έχεις... Εντάξει, έλα.

Στο δωμάτιο, τα **φώτα** κλείνουν.

– Δεν είναι περίεργο να κοιμάμαι με ένα σαξόφωνο;

– Θα είναι το μικρό μας **μυστικό**.

– ...Τι θες από τη ζωή μου;

– Μη μου μιλάς έτσι, το ξέρεις κι εσύ πως ήταν ώρα για το επόμενο **βήμα** στη σχέση μας.

– Λοιπόν, ώρα για ύπνο.

– Τι θα έχει αύριο το μουσικό μας μενού;

– ...Καληνύχτα.

(1) **νυστάζω**   *v.* to be sleepy

(2) **απόψε**   *adv.* tonight

(3) **θες**   *v.* you want (informal)

(4) **φώτα [τα]**   *n.* lights

(5) **μυστικό**   *n.* secret

(6) **βήμα [το]**   *n.* step

ΜΕΡΟΣ ΤΕΤΑΡΤΟ: ΕΠΙΛΟΓΟΣ

ΚΕ

Η εβδομάδα περνάει γρήγορα όταν παίζεις μουσική. Κάτι αλλάζει μέσα μου σιγά-σιγά. Σαν να βρίσκω πράγματα στην **ψυχή** μου που προτιμώ να κρατάω μέσα σε ένα κουτί. Μα όταν το ανοίγω, αυτό που νιώθω είναι **ελευθερία**, αλλά και **φόβος**.

Μπαίνω πάλι για ψυχοθεραπεία.

Το ίδιο γνωστό **μοτίβο**. Ο ψυχολόγος με υπνωτίζει, κλείνω τα μάτια, και αρχίζει το επεισόδιο. Είμαι σπίτι μου, μετά το σχολείο, με τη μαμά και τον μπαμπά. Φωνάζουν ο ένας στον άλλον. Εγώ φοβάμαι, **κλαίω** και **προσπαθώ** να πάω στο δωμάτιο. Αλλά περπατάω πολύ αργά, και δε φτάνω ποτέ στην πόρτα.

Κάθε φορά που κάνουν διάλειμμα από τις φωνές τους, φωνάζουν σε μένα:

«Δε θα κάνεις τίποτα στη ζωή σου! Δεν ξέρεις ότι δεν έχουμε λεφτά; Έχεις ιδέα πόσο δύσκολη είναι η ζωή μας; Καταλαβαίνεις ότι ζούμε για σένα; Τι άλλο θέλεις από μας;»

Με την τελευταία **φράση**, όλα **γίνονται** μαύρα.

(1) **ψυχή [η]**   *n.* soul, psyche

(2) **ελευθερία [η]**   *n.* freedom

(3) **φόβος [ο]**   *n.* fear

(4) **μοτίβο [το]**   *n.* pattern

(5) **κλαίω**   *v.* to cry, to weep

(6) **προσπαθώ**   *v.* to try,
to make an effort

(7) **φράση [η]**   *n.* phrase

(8) **γίνομαι**   *v.* to become

ΚΣΤ

Αρχίζει καινούργια σκηνή. Εγώ βγαίνω από το δωμάτιό μου, είμαι ήδη είκοσι πέντε χρονών. Στο **σαλόνι**, οι γονείς μου πίνουν κάτι, αλλά δε βλέπω καλά τι. Μιλάνε, αλλά όχι πολύ καθαρά. Ενώ τους κοιτάω, ακούω μια φωνή μέσα στο **αφτί** μου:

«Μέχρι πότε θα σου δίνουμε λεφτά; Δεν έχεις ιδέα πόσο δύσκολο είναι για μας! Δεν κάνεις τίποτα σωστά. Όλη μέρα με τη μουσική, δεν ξέρεις να κάνεις τίποτα άλλο. Ούτε δουλειά βρίσκεις, ούτε λεφτά έχεις. Θα σε έχουμε μια ζωή εδώ! Είσαι ένα τίποτα.»

Ξυπνάω σε πανικό, φωνάζω – «Κάνω! Κάνω κάτι στη ζωή μου! Έχω δουλειά τώρα! Και λεφτά! Δε μένω πια εδώ! Όλα καλά τώρα; Δεν παίζω πια μουσική! Εντάξει τώρα;»

Βάζω τα χέρια μου στο πρόσωπό μου, και κλαίω σαν να είμαι οχτώ χρονών.

--·-·-·-·-·-·-·-·-·-·-·-·-·-·-·-·--

(1) **σαλόνι [το]**   *n.* living room

(2) **αφτί [το]**   *n.* ear

ΚΖ

Ο ψυχολόγος μου δίνει ένα **χαρτομάντηλο**. Μετά κι άλλο. Κι άλλο. Στο τέλος μου δίνει όλο το κουτί.

– Είσαι εντάξει;

– Έτσι νομίζω.

– Σίγουρα;

– ...Δε νομίζω...

Κλαίω λίγο ακόμα.

– Πώς μπορώ να μη θυμάμαι ότι τα πράγματα στο σπίτι μου ήταν έτσι; Πώς **γίνεται**;

– Δεν είναι ότι δεν το θυμάσαι. Είναι ότι δεν το σκέφτεσαι ποτέ. Από όταν ήσουν παιδί. Το μπλοκάρεις.

– Ντρέπομαι που έρχομαι από ένα τέτοιο σπίτι. Αλλά πιο πολύ, ντρέπομαι που ήμουν έτσι. Και ντρέπομαι που είμαι έτσι ακόμα.

– Έτσι, πώς;

– Δεν είχα ποτέ την ψυχική **δύναμη** να κάνω αυτά που θέλω. Ακούω πάντα τι λένε οι άλλοι.

– Και αυτή η νοσταλγία που λες ότι έχεις στο μυαλό σου;

– Δεν ξέρω, εσύ είσαι ο ψυχολόγος. Τι πιστεύεις;

– Ότι δεν είναι νοσταλγία. Είναι ένας τρόπος να γυρίζεις πίσω στο χρόνο για μια **δεύτερη ευκαιρία**. Μια ευκαιρία να κάνεις τα πράγματα αλλιώς. Αλλά παράλληλα, δε θέλεις να το σκέφτεσαι, και το μυαλό σου το μπλοκάρει.

– Πόση ώρα έχουμε ακόμα; Τι ώρα είναι;

– Ώρα να πας σπίτι για σήμερα.

(1) **χαρτί [το]**   *n.* paper

(2) **μαντήλι [το]**   *n.* handkerchief

(3) **χαρτομάντηλο [το]**   *n.* tissue

(4) **γίνεται**   *v.* 1. it happens;
                  2. it is possible

(5) **δύναμη [η]**   *n.* strength

(6) **δεύτερος -η -ο**   *adj.* second

(7) **ευκαιρία [η]**   *n.* chance,
                  opportunity

ΚΗ

«Να πάω σπίτι…

Εύκολο να το λες. Ποιος ξέρει ποιος **δαίμονας** περιμένει πάλι εκεί. Και τώρα έχω και αυτό το όργανο που μου μιλάει κάθε φορά που με βλέπει. Πφφ… Τι θα κάνω;»

Αυτά σκέφτομαι στο τρένο, ενώ κάθομαι δίπλα σε έναν τύπο που διαβάζει ένα πορνογραφικό περιοδικό κάτω από τη **ζακέτα** του. Ο καθένας έχει προβλήματα με διαφορετικά όργανα, υποθέτω.

Και ίσως, όλοι έχουμε κάτι που μας κάνει να ντρεπόμαστε. Κάτι που προτιμάμε να κρατάμε κάτω από τη ζακέτα μας, ή να το **καλύπτουμε** πίσω από μία αμνησία, χωρίς ποτέ να το αποκαλύπτουμε, ούτε καν στον εαυτό μας.

Ο τύπος δίπλα μου ξεχνάει για λίγο ότι είναι στο τρένο, βγάζει το περιοδικό από τη ζακέτα του, και το φέρνει μπροστά του. Μάλλον η ιστορία έχει πολύ καλό σενάριο.

Βγαίνω από βαγόνι.

_____

(1) **δαίμονας [ο]**   *n.* demon

(2) **ζακέτα [η]**   *n.* cardigan

(3) **καλύπτω**   *v.* to cover

ΚΘ

Μπαίνω σπίτι. Ο σκύλος έρχεται στην πόρτα. Με κοιτάει σαν ένας παλιός φίλος, που με ξέρει καλά. Μα εγώ; Πόσο καλά τον ξέρω; Και τι θέλω από εκείνον;

Πάω στο γραφείο και ανοίγω το τσατ. Δεν έχω μηνύματα. Αρχίζω να γράφω.

«Πολύ δραματική η ψυχοθεραπεία σήμερα. Φαίνεται ότι δεν έχω πολλά καλά πράγματα να θυμάμαι από τα παιδικά μου χρόνια. Εσύ τι κάνεις;»

Περιμένω λίγο. Ξαναγράφω.

«Είσαι εδώ;»

Περιμένω λίγο ακόμα. Δεν έρχεται μήνυμα.

Κλείνω τον υπολογιστή.

Κοιτάω τον σκύλο, που κάθεται μόνος του στον **καναπέ**.

«Έλα, πάμε βόλτα.»

Βγαίνουμε έξω. Δεν κάνει πια κρύο. Τον βλέπω να τρέχει παντού με τη γλώσσα έξω, νιώθω ότι σχεδόν γελάει, και χαίρομαι. Πρώτη φορά χαίρομαι τόσο πολύ με μια βόλτα.

Η ώρα περνάει όμορφα. Γυρίζουμε σπίτι.

Αφήνω τον σκύλο στο σαλόνι, και πάω στο υπνοδωμάτιο. Πάνω στο κρεβάτι, είναι ακόμα εκεί και με περιμένει. Με βλέπει, και μου μιλάει:

«Λοιπόν; Τι θα κάνουμε σήμερα;»

_ . _ . _ . _ . _ . _ . _ . _ . _ . _ . _ . _ . _ . _ . _ . _ . _ . _ . _

(1) **καναπές [ο]**   *n.* sofa, couch

Λ

– Σήμερα λέω να πάμε για Ρασάν Ρόλαντ Κερκ. Το «Ντόμινο». Τι **λες**;

– Λέω ότι μιλάς πολύ και δεν παίζεις. Πάμε.

Το παίρνω και πάω στο σαλόνι. Στέκομαι δίπλα στο γραφείο, και δίνω έναν ρυθμό με το πόδι μου, σαν μετρονόμος.

Το φέρνω στο στόμα μου, φυσάω τις πρώτες νότες. Βγαίνουν χωρίς να προσπαθώ, τα χέρια μου πάνε σχεδόν **αυτόματα**, σαν να ξέρουν τι πρέπει να κάνουν, σαν να περιμένουν καιρό αυτήν τη στιγμή.

Παίζω τη βασική μελωδία για περίπου ένα λεπτό, δε θυμάμαι το σόλο, αλλά προσπαθώ να σολάρω κάτι δικό μου. Ευτυχώς κανένας δεν ακούει το πιο αντιαισθητικό σόλο στη μουσική ιστορία, και αρχίζω να παίζω κάτι άλλο, πριν να είναι πολύ αργά.

Αλλάζω σε Τζον Κολτρέιν, το «Ναΐμα». Τουλάχιστον αυτό δεν έχει σόλο για σαξόφωνο.

Παίζω τρία λεπτά και το τελειώνω.

«Εντάξει, κάτι θυμάσαι.»

«Τώρα ναι, θυμάμαι.», λέω, ενώ κοιτάζω γύρω μου.

- -

(1)	**λέω**	*v.* 1. to say;
		2. to hold an opinion
(2)	**αυτόματος -η -ο**	*adj.* automatic
(3)	**αυτόματα**	*adv.* automatically

ΛΑ

Δε μένω πια εδώ. Είναι πολλά χρόνια τώρα που ζω μακριά, πολύ έξω από μένα, πολύ έξω από αυτό που είμαι... Είναι καιρός να πάω πιο κοντά μου.

Δεν έχω πολύ όμορφη ζωή. Αλλά μπορώ να την κάνω πιο όμορφη. Πηγαίνω μόνο μπροστά – γιατί δεν υπάρχει άλλος δρόμος. Τίποτα δε με κρατάει πίσω πια.

Δεν έχω πολύ όμορφη ζωή. Όμως τώρα επιτέλους νιώθω ότι...

Τώρα επιτέλους, νιώθω.

Θέλω το κουτί με το σαξόφωνο να είναι κάπου αλλού. Όχι κάτω από το γραφείο, αλλά κάπου που να μπορώ να το παίρνω εύκολα.

Μα τώρα... Τώρα δε θα έχω πού να βάζω τα πόδια μου όταν κάθομαι.

Δεν πειράζει. Από σήμερα, στέκομαι.

— · — · — · — · — · — · — · — · — · — · — · — · —

ΤΕΛΟΣ

ΙΣΤΟΡΙΑ & ΜΕΤΑΦΡΑΣΗ

-

STORY & TRANSLATION

PART I - PROLOGUE

1

Δε μένω πια εδώ. Είναι πολλά χρόνια τώρα που ζω μακριά, πολύ έξω από την πόλη. Πολύ έξω από τη χώρα.

I don't live here anymore. It's been many years that I've been living far, far outside the city. Far outside the country.

Αλλά δεν ξέρω γιατί γυρίζω κάθε φορά. Τι είναι αυτό που με κάνει να θέλω να περπατάω πάλι σε αυτόν τον δρόμο, να κάθομαι σε αυτήν την πλατεία, να βλέπω τα ίδια πρόσωπα να περνάνε, ξανά και ξανά;

But I don't know why I come back every time. What is it that makes me want to walk again on this street, to sit at this square, to watch the same faces go by, again and again?

Τι είναι αυτό που θέλω να θυμάμαι;

What is it that I want to remember?

Χμ... κακό πράγμα η νοσταλγία. Σε κάνει να ζεις στο χθες, και όχι στο τώρα. Οι άνθρωποι πρέπει να πηγαίνουν μπροστά, όχι να μένουν σε κάτι παλιό που δεν υπάρχει πια. Πρέπει να μπορούν να φεύγουν, χωρίς να γυρίζουν. Η νοσταλγία, σε κρατάει πίσω.

Hm... Nostalgia is a bad thing. It makes you live in the past, not in the present. People must move forward, not dwell on something old that no longer exists. They need to be able to leave, without returning. Nostalgia, holds you back.

2

Έχω μια όμορφη ζωή. Πιστεύω πως μου αρέσει η δουλειά μου, αν και συχνά με κουράζει. Τουλάχιστον μου δίνει αρκετά χρήματα. Εντάξει... δουλεύω πολύ, είναι αλήθεια. Όμως, η πολλή δουλειά είναι καλύτερη από την καθόλου δουλειά. Ξέρω ότι είναι πολλοί άνθρωποι γύρω μου που δεν έχουν τίποτα, και που ακόμα ψάχνουν. Ήμουν κι εγώ κάποτε έτσι... Όχι πια. Κι ελπίζω ποτέ ξανά.

I have a beautiful life. I believe that I like my job, although it often tires me. At least it gives me enough money. Okay... I do work a lot, it's true. But too much work is better than no work at all. I know that there are many people around me who have nothing, and who are still searching. I used to be like that once... Not anymore. And I hope never again.

Έχω μια όμορφη ζωή. Τρέχω ένα χιλιόμετρο κάθε πρωί, πίνω τσάι, διαβάζω βιβλία που με κάνουν καλύτερο άνθρωπο – έτσι θέλω να πιστεύω, δηλαδή. Έχω έναν σκύλο που με αγαπάει, και ένα ζεστό σπίτι που με περιμένει κάθε απόγευμα μετά τη δουλειά. Οι μέρες μου περνάνε χωρίς πολλά προβλήματα. Άλλες φορές πιο γρήγορα, άλλες φορές πιο αργά.

I have a beautiful life. I run one kilometre every morning, I drink tea, I read books that make me a better person – so I like to think, that is. I have a dog who loves me, and a warm home that waits for me every evening after work. My days go by without many problems. Sometimes faster, sometimes slower.

Έχω μια όμορφη ζωή. Δεν ήταν πάντα έτσι.

I have a beautiful life. It wasn't always like that.

3

Πριν έξι χρόνια, ήταν μία περίοδος που δεν είχα σχεδόν τίποτα. Ούτε δουλειά, ούτε δικό μου σπίτι. Ούτε καν έναν άνθρωπο για να μπορώ να του μιλάω από κοντά, και να του λέω πόσο θέλω να έχω αυτά τα πράγματα. Κάπου να μπορώ να ανοίγω την καρδιά μου.

Six years ago, it was a period when I had almost nothing. Neither a job, nor a place of my own. Not even someone that I could talk to in person, and tell them how much I want to have all these things. Someone to open my heart to.

Ήμασταν στο ίδιο σπίτι η μητέρα μου, ο πατέρας μου, κι εγώ. Οι γονείς μου μιλάνε μόνο για καθημερινά πράγματα: για το φαγητό που έχουν κάθε μέρα, για τη δουλειά τους, τις δουλειές στο σπίτι, και για αυτά που βλέπουν στην τηλεόραση. Δεν ξέρω πώς μπορούν να ζουν έτσι.

We lived in the same house; my mother, my father, and myself. My parents only talk about daily things: about the food they have each day, their work, the housework, and the stuff they watch on TV. I don't know how they can live like that.

Το βασικό τους χόμπι τότε, ήταν να μου λένε πως δε θα κάνω ποτέ τίποτα στη ζωή μου, πως χάνω τον χρόνο μου, και πως είμαι βάρος. Έχουν περίεργο χιούμορ καμιά φορά.

Their main hobby back then, was to tell me that I'm never going to do anything in life, that I'm wasting my time, and that I'm a burden. They sometimes have a strange sense of humour.

Δεν είναι το καλύτερο πράγμα στον κόσμο να μένεις με τους γονείς σου στα είκοσι εννιά σου. Για μένα, ήταν λίγο τραυματικό.

It's not the best thing in the world to live with your parents at 29. For me, it was a bit traumatic.

4

Για χρόνια, η μόνη μου παρέα, ήταν ο υπολογιστής μου, η μουσική, οι ταινίες και το ίντερνετ. Αυτό που λέμε «έξω κόσμος», για μένα ήταν απλώς πίξελ και ήχος από ένα παλιό μηχάνημα. Και ο μόνος τρόπος να μιλάω με άλλα άτομα, ήταν το τσατ.

For years, my only company was my computer, music, movies, and the internet. What we call 'the outside world', for me was just pixels and sound from an old machine. And the only way to talk to other people, was web chatting.

Η αλήθεια είναι ότι τα πράγματα σήμερα δεν είναι πολύ διαφορετικά. Μου αρέσει να κάνω τσατ με κόσμο που δεν ξέρω. Σε άλλες πόλεις, σε άλλες χώρες, και συχνά με άλλη κοσμοθεωρία. Όταν τσατάρω, νιώθω ότι υπάρχουν άνθρωποι που με καταλαβαίνουν, και με ακούνε. Αν και δε ζούμε στο ίδιο μέρος, είναι σαν να υπάρχει κάποιος δίπλα μου, σαν να είναι και κάποιος άλλος στο δωμάτιο.

The truth is that things today aren't very different. I like chatting with people I don't know. In other cities, in other countries, and often with a different worldview. When I chat, I feel that there

*are people who understand me and listen to me.
Although we don't live in the same place, it's as if
there is someone next to me, as if there is someone
else in the room.*

Ίσως απλώς ψάχνουμε το ίδιο πράγμα, και το
βρίσκουμε ο ένας στον άλλον. Μέχρι τη στιγμή
που ο υπολογιστής κλείνει, και μένουμε ξανά
μόνοι. Το βράδυ τελειώνει – ή ίσως, αρχίζει –
με μια ηλεκτρονική «καληνύχτα».

*Perhaps we are looking for the same thing, and we
find it in each other. Till the moment when the
computer switches off, and we are alone again.
The night ends – or perhaps begins – with a virtual
'goodnight'.*

5

Τουλάχιστον τώρα έχω τον σκύλο μου. Είναι παιδί μου και φίλος μου την ίδια στιγμή, και ένας καλός λόγος να βγαίνω από το σπίτι, και να μη μένω όλη την ώρα μέσα όταν δεν είμαι στη δουλειά. Το μόνο κακό, είναι ότι δεν μπορούμε να τσατάρουμε μαζί όταν είμαι έξω και δεν τον παίρνω μαζί μου. Ίσως κάποια μέρα...

At least now I have my dog. He's my child and my friend at the same time, and a good reason to get out of the house, and not stay inside all the time when I'm not at work. The only bad thing is that we can't text each other when I'm out and not having him with me. Perhaps one day...

Μου δίνει μια ρουτίνα, ένα πρόγραμμα κι έναν τρόπο να οργανώνω τον χρόνο μου. Με ζέστη, με κρύο, με βροχή, με χιόνι, αυτό είναι μία αλήθεια που ποτέ δεν αλλάζει: Ο σκύλος πρέπει να βγαίνει να παίρνει αέρα και να πηγαίνει τουαλέτα, δύο φορές την ημέρα. Το ίδιο κι εγώ.

He gives me a routine, a schedule, and a way to organise my time. In heat, in cold, in rain or snow, this is a truth that never changes: the dog needs to go out to get some air and go to the bathroom, twice per day. Same for me.

Εντάξει... όχι ακριβώς το ίδιο. Δεν πάω τουαλέτα πάντα δυο φορές, και συνήθως προτιμώ να πηγαίνω μέσα. Καμιά φορά όμως, η βόλτα παίρνει πολλή ώρα, και το σπίτι είναι μακριά... Τελικά, «τουαλέτα» είναι εκεί που *μπορείς* να πας, όχι εκεί που *πρέπει*.

Well, okay... not exactly the same. I don't always go to the bathroom twice, and I usually prefer to go inside. Sometimes though, the walk takes a long time, and the house is far... It seems that, after all, 'toilet' is where you can go, not where you have to.

Και συνήθως, δε βλέπει κανένας. Συνήθως...

And usually, no one's watching. Usually...

6

Ζω μια ζωή με ένα ζώο που με θέλει πάντα δίπλα του, όμως πολλές φορές πιστεύω πως το χρησιμοποιώ για να μη νιώθω μοναξιά. Και για να μη θυμάμαι ότι δεν κάνω τα πράγματα που θέλω – ότι δεν κάνω φιλίες, σχέση, παιδιά. Κάποιες φορές λέω πως είναι καλύτερα χωρίς να έχεις κανέναν, όμως δεν το εννοώ. Δυστυχώς δεν έχω αρκετή μισανθρωπία για να μη θέλω άλλον άνθρωπο κοντά μου.

I'm living a life with an animal that always wants me by its side, but I sometimes think that I'm using it in order to not feel lonely. And in order to not remember that I'm not doing the things I want; that I don't have friendships, a relationship, or children. Oftentimes I say that it's better without having anybody, but I don't mean it. Unfortunately, I don't have enough misanthropy to not want another person near me.

Ίσως απλώς μου αρέσει το δράμα. Ίσως σκέφτομαι πολύ, και βλέπω τη ζωή μέσα από ένα πεσιμιστικό πρίσμα. Ίσως η ψυχολογία μου είναι λίγο υποχόνδρια, και ο πρόλογος σε αυτό το βιβλίο τώρα αρχίζει να με κουράζει κάπως.

Perhaps I simply like drama. Maybe I think too much, and I look at life through a pessimistic prism. Perhaps my psychology is slightly hypochondriac, and the prologue in this book is now sort of starting to tire me.

Έχω ακόμα λίγο κέικ στην κουζίνα. Πάω. Τέτοιες ώρες, βοηθάει.

I still have some cake in the kitchen. I'm going. At times like these, it helps.

PART II - MONOLOGUE

7

Σήμερα στη δουλειά όλοι μιλάνε για το μπόνους που θα έχουμε αυτόν τον μήνα. Τους ακούω, αλλά δε με ενδιαφέρει πολύ. Λίγα χρήματα ακόμα δε θα κάνουν τη ζωή μου καλύτερη, ούτε καν διαφορετική.

Today at work, everyone's talking about the bonus we're going to have this month. I'm listening to them, but I'm not that interested. A little more money isn't going to make my life better, not even any different.

Κάθομαι στην κουζίνα στο διάλειμμα, και βλέπω κόσμο να λέει για οικονομικά προβλήματα, για τις τιμές στο σούπερ μάρκετ, και για ακριβά τηλέφωνα και τσάντες που θέλει.

I'm sitting at the kitchen during the break, and I'm watching people talk about financial struggles, supermarket prices, and expensive phones and bags they want to buy.

Νομίζω πως μου αρέσει εδώ. Μιλάω λίγο με τα παιδιά από τη δουλειά όταν υπάρχει χρόνος. Το θέμα σπάνια είναι κάτι πολύ ενδιαφέρον. Αλλά τουλάχιστον λέμε κάτι. Κάποιες φορές πάμε μαζί για καφέ ή για φαγητό μετά. Καμιά φορά με ξεχνάνε και δε μου λένε να πάω κι εγώ μαζί τους. Μερικές φορές πληρώνω εγώ τον λογαριασμό, για να τους βοηθάω να με θυμούνται πιο εύκολα.

I think I like it here. I talk a bit to the guys from work when there is time. The topic is rarely something very interesting. But at least we talk about something. We occasionally go for coffee or lunch together afterwards. At times, they forget about me and they don't ask me to go with them. Sometimes I pay the bill, in order to help them remember me more easily.

8

Πολλή δουλειά αυτές τις μέρες. Δε με πειράζει. Βοηθάει όταν δε θέλω να σκέφτομαι πολύ. Αλλά οι διακοπές είναι κοντά. Λίγες εβδομάδες μένουν.

Lots of work these days. I don't mind. It helps when I don't want to think much. But holidays are round the corner. A few more weeks to go.

Χαίρομαι, αλλά όχι επειδή δε θα δουλεύω για μια εβδομάδα. Υπάρχει κάτι που θέλω να κάνω κάθε φορά που είμαι σε διακοπές, κι είναι πάντα το ίδιο: να πηγαίνω πίσω. Πίσω στην ίδια χώρα, στην ίδια πόλη, πίσω στον χρόνο.

I'm glad, but not because I won't be working for a week. There is something that I want to do every time when I'm on holiday, and it's always the same thing: going back. Back to the same country, to the same city, back in time.

Πολλές φορές, νομίζω ότι δεν πρέπει να ζω στο μέρος που μένω, και ότι το μόνο που θέλω είναι να ξαναζώ τις ίδιες σκηνές από παλιά. Ακόμα δεν ξέρω αν είναι σκηνές από τη ζωή μου ή από τη φαντασία μου.

Oftentimes, I think that I shouldn't be living where I live, and that the only thing I want is to re-live the same scenes from the past. I still don't know if they are scenes from my life or scenes from my imagination.

Κάνω πολλά χρόνια το ίδιο ταξίδι, όμως δε βρίσκω αυτό που θέλω.

I've been making this trip for many years now, but I can't find what I want.

9

Κακό πράγμα η νοσταλγία... Λίγο πριν το ταξίδι μου, διαβάζω αυτό που γράφω στο ημερολόγιό μου έναν χρόνο πριν:

Nostalgia is a bad thing... Just before my trip, I read my diary from a year ago.

«Δεν ξέρω γιατί, αλλά όλα τελευταία αρχίζουν με ένα "δεν": "Δεν κοιμάμαι αρκετά", "δεν τρώω καλά", "δε μιλάω σε κανέναν".

'I don't know why, but everything lately starts with a negation: "I don't sleep enough", "I'm not eating well", "I'm not talking to anybody".

Εντάξει... υπάρχουν και καλά πράγματα που αρχίζουν με "δεν". Για παράδειγμα, "δεν πάω στο καζίνο κάθε μέρα", "δεν παίρνω πολλά ναρκωτικά" ή "δεν έχω πια διάρροια"».

Okay... there are also good things that start with a negation. For example, "I don't go to the casino every day", "I don't take too many drugs", or "I no longer have diarrhoea".'

Το μόνο «δεν» που πρέπει να υπάρχει εδώ, είναι το: «Δεν έχω κωμικό ταλέντο». Και φυσικά, έναν χρόνο μετά, τα πράγματα είναι ακόμα ίδια.

The only negation that should be here, is: 'I have no comedic talent'. And of course, a year later, things are still the same.

Το ημερολόγιο σήμερα δεν αρχίζει πολύ διαφορετικά: «Δεν ξέρω τι είναι πιο τραγικό. Η ζωή μου, ή το χιούμορ μου;».

My diary doesn't start very differently today: 'I don't know what is more tragic: my life, or my sense of humour?'.

10

Είναι η πρώτη φορά που γράφω στο ημερολόγιο ενώ είμαι διακοπές.

It's the first time I'm writing in the diary while on holiday.

Μέρα πρώτη – Πέμπτη

Day 1 – Thursday

«Επιτέλους, διακοπές. Το ταξίδι ήταν λίγο κουραστικό, όπως πάντα, όμως είμαι εδώ τώρα. Περιμένω πολύ καιρό. Έχω μία εβδομάδα για να κάνω αυτά που θέλω. Είναι αρκετός χρόνος. Ή μήπως όχι;»

'Finally, holidays. The trip was a bit tiring, as always, but I'm here now. I've been waiting for a long time. I have a week to do the stuff I want. It's enough time. Or isn't it?'

Μέρα τρίτη – Σάββατο

Day 3 – Saturday

«Τις πρώτες τρεις μέρες δε βγαίνω από το σπίτι. Οι γονείς μου νομίζουν πως έχω αγοραφοβία. Εγώ τους λέω πως έχω απλώς νοσταλγία για το σπίτι μου, το παιδικό μου δωμάτιο, και το σπιτικό φαγητό. Η αλήθεια είναι ότι απλώς δε με παίρνει κανένας τηλέφωνο για να πάμε έξω μαζί.»

'During the first three days, I'm not going out of the house. My parents think I have agoraphobia. I tell them that I simply have nostalgia for my home, my childhood room, and homemade food. The truth is simply that nobody calls me to go out with them.'

Μέρα τέταρτη – Κυριακή

Day 4 – Sunday

«Είναι πρωί και οι γονείς μου πάνε στην εκκλησία. Δεν είναι κανένας άλλος εδώ. Σκέφτομαι να πάω μέχρι την πλατεία.»

'It's morning time and my parents are going to church. Nobody else is here. I'm thinking of walking to the square.'

11

Κάθομαι σε μία καφετέρια. Κοιτάζω τον κόσμο που περνάει. Οι άνθρωποι μιλάνε ο ένας στον άλλον, γελάνε. Λίγα μέτρα μακριά, είναι δύο μουσικοί με ασπρόμαυρα ρούχα και μεγάλα κόκκινα καπέλα. Παίζουν κλασική μουσική. Δύο γυναίκες. Η μία παίζει ξυλόφωνο και η άλλη μεταλλόφωνο. Ο «Χειμώνας», από τις «Τέσσερις Εποχές», Βιβάλντι.

I'm sitting at a café. I'm watching the people who are walking by. They talk to each other, they laugh. A few metres away, there are two musicians in black and white clothes and red hats. They're playing classical music. Two women. One of them is playing the xylophone, and the other one the metallophone. It's 'Winter', from 'The Four Seasons', Vivaldi.

Πρώτη φορά ακούω κάτι τέτοιο με τέτοια όργανα. Έχει πολύ διαφορετική αισθητική χωρίς βιολί, αλλά έχει ακόμα την ίδια μελαγχολία. Αρχίζει σαν σκηνή από ταινία θρίλερ, και συνεχίζει με ένα επικό ντελίριο από νότες που σχεδόν περνάνε μέσα από το κεφάλι σου.

It's the first time that I'm hearing something like that on such instruments. It has very different aesthetics without a violin, but it still has the same melancholy. It starts like a scene from a horror movie, and continues with an epic delirium of notes, that almost goes through your head.

Πολλοί προτιμούν την «Άνοιξη», αλλά πάντα ο «Χειμώνας» ήταν η αγαπημένη μου εποχή. Και δε μιλάω μόνο για τον Βιβάλντι. Σκέφτομαι ότι δεν ακούω ούτε παίζω πια μουσική, όπως παλιά.

Many prefer 'Spring', but 'Winter' has always been my favourite season. And I'm not only talking about Vivaldi. I'm thinking that I don't play or listen to music anymore, like I used to.

12

Το μουσικό μου γούστο είναι ακόμα το ίδιο.
Λίγη κλασική, λίγη τζαζ, και πολλή μπλουζ,
σόουλ και κάντρι. Ακόμα και μπλακ μέταλ, όταν
τα πράγματα είναι δύσκολα. Ακόμα κι αν δεν
καταλαβαίνω τίποτα όταν τραγουδάνε. Θέλω
μόνο να νιώθω την ατμόσφαιρα.

My music taste is still the same. A bit of classical,
a bit of jazz, and a lot of blues, soul and country.
Even black metal, when things get tough. Even if I
don't understand anything when they sing. I only
want to feel the atmosphere.

Είναι ωραίο να βρίσκεις καινούργια μουσική να
ακούς, και να μη μένεις στα παλιά. Κάποτε,
όταν ήμουν χωρίς δουλειά, σχεδόν όλα μου τα
χρήματα – από τα πολύ λίγα που είχα –, ήταν
για να παίρνω βινύλια και σιντί.

It's nice to find new music to listen to, and not just
stick to the old stuff. Once, when I was
unemployed, nearly all my money – from the very
little that I had –, was intended for buying vinyl
and CDs.

Τα τελευταία χρόνια, όχι μόνο δεν ακούω τίποτα νέο, αλλά ούτε καν τη μουσική που ξέρω ήδη ότι μου αρέσει. Ποιος ξέρει γιατί. Σίγουρα υπάρχει χρόνος στη ζωή μου για μουσική. Ίσως δεν υπάρχει χώρος στο μυαλό μου. Ή δε θέλω εγώ να υπάρχει.

In the last few years, not only do I not listen to anything new, but not even to the music which I already know I like. Who knows why... There is definitely time for music in my life. Perhaps there is no space in my head. Or I don't want there to be any.

Τώρα που το σκέφτομαι, η ζωή μου έξω από τη δουλειά είναι μόνο διάβασμα, τσάι, και τρέξιμο. Και σιωπή, σαν τις ταινίες που κάνει ο Μπέργκμαν.

Now that I think about it, my life outside work is just reading, tea, and running. And silence, just like the movies that Bergman makes.

«Κάνει»;; Μα τι λέω, αυτός δε ζει πια... Και μάλλον ούτε κι εγώ.

'Makes'?? What am I saying, he's no longer alive... And most probably, I'm not either.

13

– Θέλετε πάγο με το νερό;

– Do you want ice with your water?

Ο σερβιτόρος έρχεται πού και πού, και με βγάζει από τον κόσμο που φτιάχνω στη φαντασία μου.

The waiter comes every now and then, and gets me out of the world that I'm building in my imagination.

– Όχι, χωρίς πάγο.

– No, without ice.

– Το τσάι όπως πάντα με ζάχαρη, έτσι;

– And you want your tea with sugar, as always, right?

– Χωρίς.

– Without.

– Εντάξει.

– Okay.

Ξαφνικά, ακούω μια φωνή έξω από την καφετέρια να φωνάζει:

Suddenly, I hear a voice from outside the café shouting:

– Δεν το πιστεύω! Πού είσαι εσύ;! Πόσα χρόνια;!

– I can't believe it! Where have you been?! How many years?!

Γυρίζω το κεφάλι μου και κοιτάζω, κάποια από το τραπέζι δίπλα μου αφήνει την καρέκλα της, και αρχίζει να περπατάει προς την πόρτα.

I turn my head and look, a woman from the table next to me leaves her chair, and starts walking towards the door.

– Ενώ εσύ..! Τόσα χρόνια είσαι φάντασμα! Έλα για καφέ!

– Whereas you...! You've been a ghost for all these years! Come sit for a coffee!

«Παλιές φίλες», σκέφτομαι. Είχα μια μικρή ελπίδα ότι μιλάνε σε μένα.

'Old friends', I think to myself. I had a small hope that they were talking to me.

«Δεν πειράζει, έτσι κι αλλιώς δε μου αρέσει ο καφές», λέω στον εαυτό μου, ενώ ο σερβιτόρος αφήνει στο τραπέζι ένα ποτήρι νερό με τρία παγάκια, και αρχίζω να πίνω ένα αρκετά γλυκό τσάι γιασεμί.

'It's okay, I don' like coffee anyway', I say to myself, while the waiter leaves a glass of water with three ice cubes on the table, and I start drinking a rather sweet jasmine tea.

14

Ενώ πίνω, διαβάζω ένα βιβλίο για τη γιόγκα. Ίσως είναι καλή ιδέα να κάνω λίγη γυμναστική στο σπίτι, στη ζέστη μου, μπροστά στον σκύλο, με αργή μους—

While I'm drinking, I'm reading a book on yoga. Maybe it's a good idea to work out a bit at home, in my warmth, in front of the dog, with slow mus—

«Με θυμάσαι;»

'Do you remember me?'

...Ακούω μια αντρική φωνή πάνω από το κεφάλι μου.

...I hear a man's voice over my head.

Συνεχίζω να διαβάζω. Έτσι κι αλλιώς, κανένας εδώ δε μου μιλάει πια. Δε με θυμάται κανένας, κανένας δε με παίρνει τηλέφ—

I keep on reading. Nobody talks to me here anyway. Nobody remembers me, nobody call—

– Από τη φιλαρμονική ορχήστρα. Παίζεις ακόμα σαξόφωνο;

– From the town orchestra. Do you still play the sax?

– Σε... θυμάμαι. Όχι, δεν παίζω, δυστυχώς... Δεν έχω χρόνο... νομίζω. Εσύ; Παίζεις;

– I... remember you. No, I don't play, unfortunately... I don't have time... I think. And you? Do you play?

– Παίζω, έχουμε μία μικρή μπάντα, με τα παιδιά από το σχολείο. Ήμασταν μαζί και στο λύκειο, θυμάσαι; Είναι πολλά χρόνια που δε σε βλέπω, πού μένεις; Ξέρω ότι ήσουν εδώ μέχρι πριν έξι χρόνια, με τους γονείς σου, αλλά μετά; Όλα καλά γενικά;

– I do, we have a small band, with the guys from school. We were in the same high school, remember? It's been many years that I haven't been seeing you, where do you live? I know you were here, until six years ago, with your parents, but after that? Is everything okay in general?

– Καλά όλα, ναι... Δε μένω εδώ, είμαι στο εξωτερικό... Θέλεις τσάι;

– All good, yes... I don't live here, I live abroad... Do you want some tea?

– Όχι ευχαριστώ. Έχω να πάω κάπου, με περιμένουν. Ελπίζω να σε βλέπω πιο συχνά. Ήσουν το καλύτερο τενόρο σαξόφωνο.

– No, thank you. I've got somewhere to go to, there's someone waiting for me. I hope to see you more often. You were the best tenor sax.

– Μα...

– But...

– Γεια, τα λέμε!

– Bye, see you!

– ...ήμουν το μόνο τενόρο σαξόφωνο τότε...

– ...I was the only tenor sax back then...

15

Τι περίεργος τύπος. Πώς και με θυμάται; Θέλει κάτι από μένα; Τέλος πάντων. Πού ήμουν;

What a weird guy. How come he remembers me? Does he want something from me? Anyway, where was I?

Α, ναι. Το βιβλίο λέει ότι η γιόγκα κάνει καλό στο σώμα και στο μυαλό, και ότι μέσα από αυτή, βρίσκεις τον εαυτό σου. Μερικές φορές, νομίζω πως βρίσκω τον εαυτό μου το πρωί και τον χάνω ξανά το βράδυ...

Ah, yes. The book says that yoga is good for your body and mind, and that through it, you can find yourself. At times, I think that I find myself in the morning and lose myself again at night.

Πω πω, τι ωραία ήταν τότε, όταν ήμουν στην ορχήστρα! Είναι φανταστικό να παίζεις μουσική ενώ περπατάς στο δρόμο ρυθμικά με το όργανό σου στο χέρι. Και να είσαι μαζί με όλη την μπάντα... μέσα σε κάτι πιο μεγάλο από σένα, που εκείνη τη στιγμή είναι το πιο σημαντικό πράγμα στον κόσμο. Και νιώθεις ότι μετράς.

Gosh, how great it was back then, when I was in the orchestra! It's fantastic to play music while walking on the street rhythmically, with your instrument in your hand. And to be together with the entire orchestra... inside something bigger than you, which at that moment, is the most important thing in the world. And you feel that you matter.

Δεν νομίζω πως αυτό που χρειάζομαι αυτή τη στιγμή στη ζωή μου είναι η γιόγκα.

I don't think that what I need in my life right now is yoga.

PART III - DIALOGUE

16

Σιγά-σιγά, νιώθω τα μάτια μου να ανοίγουν.

Bit by bit, I feel my eyes opening.

– Πώς ήταν;

– How was it?

– Ήταν... αποκάλυψη.

– It was... a revelation.

– Σαν την Αποκάλυψη στη Βίβλο;

– Like the Revelation in the Bible?

– Όχι, σαν ένα όνειρο που αποκαλύπτει κάτι σημαντικό που δεν ξέρω.

– No, like a dream which reveals something important that I don't know.

– Κάτι που δεν ξέρεις; Για ποιο πράγμα;

– Something you don't know? About what?

– Για μένα, για τον εαυτό μου.

– About me, about myself.

– Και ποια ήταν η αποκάλυψη;

– And what was the revelation?

– Ότι όλα αυτά τα χρόνια, αυτό που φοβάμαι δεν είναι οι άλλοι, αλλά εγώ. Νομίζω ότι δεν έχω ανθρωποφοβία τελικά, μα εαυτοφοβία.

– That all these years, what I'm afraid of isn't other people, but myself. I think I don't have anthropophobia after all, but suiphobia.

– Και τι πιστεύεις πως πρέπει να κάνεις για αυτό;

– And what do you think you should do about it?

– Να μην αφήνω τον εαυτό μου πολλή ώρα μόνο του.

– Not leave myself alone for too long.

– Και τι άλλο;

– *And what else?*

– Χμ... να του λέω πως στο τέλος όλα θα πάνε καλά;

– *Hm... Tell myself that everything's gonna be okay eventually?*

– Καλωσήρθατε στον παράδεισο με τα κλισέ και τα μπανάλ.

– *Welcome to the paradise of clichés and banalities.*

– Αμήν... Μιλάω σαν βιβλίο για αυτοβοήθεια. Σαν αυτά που παίρνεις με δύο ευρώ από το περίπτερο. Αλλά ξέρεις κάτι; Νομίζω ότι αυτή η θεραπεία με την ύπνωση, βοηθάει πολύ.

– *Amen... I talk like a self-help book. Like those you buy from the kiosk for 2 euros. But you know what? I think that this hypnosis therapy is helping a lot.*

17

Η ψυχολόγος βλέπει τον ενθουσιασμό στα μάτια μου, και μένει για λίγο χωρίς να μιλάει. Έξω, ακούω την πόλη να συνεχίζει να ζει τη μέρα της – αυτοκίνητα, ζώα, άνθρωποι. Η ψυχολόγος περιμένει, περνάνε δύο λεπτά. Στο τέλος σταυρώνει τα χέρια της, και λέει:

The therapist notices the enthusiasm in my eyes, and stays silent for a bit. Outside, I can hear the city carry on with her day – cars, animals, people. The therapist waits, two minutes go by. Eventually, she crosses her arms and says:

– Τι σε φοβίζει στον εαυτό σου;

– What scares you in yourself?

– Με φοβίζουν αυτά που λέω, αυτά που κάνω, αυτά που σκέφτομαι...

– The stuff I say, do, and think...

– Πιστεύεις ότι λες, κάνεις ή σκέφτεσαι κάτι λάθος;

– You believe that you say, do or think of something wrong?

– Νιώθω σαν να είμαι από άλλον κόσμο. Ότι δεν είμαι από εδώ.

– I feel as if I'm from another world. That I'm not from here.

– Τι εννοείς;

– What do you mean?

– Εννοώ... Ξέρεις... Είναι ωραία να φεύγεις για λίγο, να μη σκέφτεσαι. Αλλά το βράδυ, στο κρεβάτι, λίγο πριν τον ύπνο, κανένας άνθρωπος δεν ξεφεύγει από τον εαυτό του.

– I mean... You know... It's nice to get away for a while, to not think. But at night, in bed, a bit before sleep, nobody can escape from themselves.

– Ούτε εσύ, υποθέτω.

– Neither can you, I assume.

– Ουφ! Πολύ φιλοσοφικά μιλάω…. Κάνει κρύο εδώ μέσα; Ή μόνο εγώ κρυώνω;

– Ugh! I'm getting too philosophical… Is it cold in here? Or is it just me who's cold?

– Όχι, δεν κάνει καθόλου κρύο.

– No, it's not cold at all.

– Τότε γιατί κρυώνω τόσο;

– Then why am I so cold?

– Γιατί ακόμα κοιμάσαι.

– Because you're still asleep.

18

Ξυπνάω, κάπως ξαφνικά. Κάθομαι ακόμα στην καρέκλα, σχεδόν δεν καταλαβαίνω πού είμαι, ούτε αν κοιμάμαι ακόμα ή όχι.

I wake up, somewhat suddenly. I'm sitting on the chair, I almost can't tell where I am, neither whether I'm still sleeping or not.

Τελικά αυτή η θεραπεία δεν είναι τόσο απλή. Όταν κλείνω τα μάτια, νομίζω ότι βλέπω τον εαυτό μου να παίζει σε μία σειρά στην τηλεόραση. Κάθε επεισόδιο είναι περίπου ίδιο με το προηγούμενο και με το επόμενο, όμως εγώ τα νιώθω σαν να είναι διαφορετικά. Αλλά δεν καταλαβαίνω ούτε το πώς ούτε το γιατί.

This therapy isn't that simple after all. When I close my eyes, I think that I see myself acting in a series on TV. Every episode is nearly the same as the previous and the next one, but I experience them as if they were different. Yet I don't understand neither how or why.

Ένας ψυχολογικός λαβύρινθος. Δεν ξέρω ούτε πώς μπαίνω ούτε πώς βγαίνω. Αυτά που βλέπω στην ύπνωση – οι άνθρωποι, τα ζώα, τα μέρη –

δεν είναι ούτε γνωστά ούτε άγνωστα. Όμως είναι σαν να ήταν πάντα εκεί. Το θέμα είναι: πού είναι αυτό το «εκεί»;

A psychological labyrinth. I don't know how to get in or out. What I see during hypnosis – the people, the animals, the places – are neither known or unknown. But it's as if they've always been there. The question is, where is 'there'?

Πω πω... Πάλι αρχίζω το δράμα. Σταματάω εδώ.

Ugh... I'm starting with the drama again. I stop here.

19

Ο ψυχολόγος βάζει τα χέρια πάνω στην καρέκλα του, με κοιτάει, και μου λέει:

The therapist puts his hands on his chair, looks at me, and says:

– Λοιπόν;

– So?

– Στον ύπνο μου, ήσουν γυναίκα.

– In my dream, you were a woman.

– Ίσως ήμουν στην προηγούμενή μου ζωή, ποιος ξέρει. Μιλάς πολύ στον ύπνο σου. Τουλάχιστον σήμερα.

– I might have been one in a past life, who knows. You talk a lot in your sleep. Today at least.

– Ωχ, μάλλον δεν πρέπει.

– Uh-oh, perhaps I shouldn't.

– Παίζεις όντως σαξόφωνο;

– *Do you actually play the saxophone?*

– Παλιά. Για δεκαπέντε χρόνια. Τενόρο σαξόφωνο.

– *I used to. For fifteen years. Tenor saxophone.*

– Ενδιαφέρον.

– *Interesting.*

– Κάνω πολλά πράγματα που δεν ξέρεις. Δηλαδή... πια δεν τα κάνω ακριβώς. Όμως ξέρω να τα κάνω.

– *I do a lot of things you don't know. I mean... I don't exactly do them anymore. But I know how to.*

– Και γιατί δε μιλάς για αυτά;

– *And why don't you talk about them?*

– Μάλλον επειδή νιώθω ότι δεν είμαι πια έτσι. Είμαι ένας άλλος άνθρωπος τώρα, διαφορετικός. Κάνω άλλα πράγματα.

– Probably because I feel I'm not like that anymore. I'm a new person now, different. I do other things.

– Στην καθημερινή σου ζωή, ναι. Αλλά ο χαρακτήρας σου; Αυτά που θέλεις; Πιστεύεις ότι είναι διαφορετικά τώρα;

– In your daily life, yeah. But what about your character? The things you want? Do you think they are different now?

– Κοίτα, σίγουρα έχω λεφτά, επιτέλους. Έχω το σπίτι μου, τη δουλειά μου, τον σκύλο μου, τα βιβλία μου. Μπορώ να κάνω αυτά που θέλω.

– Well look, I definitely have money now, finally. I've got my own place, my job, my dog, my books. I can do the stuff I want to do.

– Για παράδειγμα;

– For example?

– Για παράδειγμα, τώρα έχω λεφτά να πάω σε ψυχολόγο.

– For example, I can now afford a therapist.

20

Φεύγω από την ψυχοθεραπεία, και βγαίνω έξω στον δρόμο. Βρέχει, φυσάει, και κάνει κρύο. «Ωραίος καιρός για να ψάχνεις τι θέλεις στη ζωή σου», σκέφτομαι, χωρίς να ξέρω αν το λέω σαρκαστικά ή όχι.

I leave therapy and get out on the street. It's raining, it's windy, and it's cold. 'Great weather to be searching what it is that you want in life', I think to myself, without knowing whether I'm being sarcastic or not.

Φτάνω στο τρένο. Μπαίνω μέσα, οι πόρτες κλείνουν. Έχει κόσμο, είναι η ώρα που τελειώνουν όλοι τη δουλειά. Δεν κάθομαι, στέκομαι μπροστά στην πόρτα, και κοιτάω τον εαυτό μου στο γυαλί. «Παλιά είχα καλύτερο γούστο στα ρούχα. Τώρα που έχω λεφτά να παίρνω αυτά που θέλω, δε με ενδιαφέρει πια τι θα φοράω.»

I arrive at the train. I get in, the doors close. It's crowded, it's the time when everyone gets off work. I don't sit, I stand in front of the door, and look at my reflection in the glass. 'I used to have better taste in clothes. Now that I have money to buy what I want, I'm not interested in what I wear anymore.'

Το τρένο σταματάει, οι πόρτες ανοίγουν. Βγαίνω πάλι έξω στη βροχή, στον αέρα, και στο κρύο. Περπατάω γρήγορα. Μου αρέσει αυτός ο καιρός, αλλά μόνο όταν είμαι μέσα. Κάπως υποκριτικό, ίσως. Κάποιοι δεν έχουν πού αλλού να πάνε, και μάλλον δεν τους αρέσει πολύ ο χειμώνας.

The train stops, the doors open. I go out again, into the rain, the wind and the cold. I'm walking fast. I like this weather, but only when I'm inside. Somewhat hypocritical, perhaps. Some don't have anywhere else to go, and they probably don't like winter all that much.

21

Φτάνω σπίτι. Ο σκύλος μου έρχεται στην πόρτα, τον φιλάω. Βγάζω τα παπούτσια μου, πάω προς το γραφείο, και κάθομαι μπροστά στον υπολογιστή. Βάζω τα πόδια μου πάνω στο μαύρο κουτί κάτω από το γραφείο, που το έχω μόνο για να βάζω τα πόδια μου πάνω. Ανοίγω το τσατ. Έχω μήνυμα.

I arrive home. My dog comes to the door, I kiss him. I take my shoes off, I walk to my desk and sit in front of the computer. I put my feet on the black box under the desk, whose only purpose is for me to put my feet on. I open the chat. I have a message.

– Είχες ψυχοθεραπεία;

– Did you have therapy today?

– Ναι, πώς το ξέρεις;

– Yeah, how did you know?

– Είναι Τρίτη σήμερα.

– It's Tuesday.

– Α, ναι. Σωστά...

– Ah, yes. Correct...

– Πώς είσαι; Δεν είχες δουλειά;

– How are you? You didn't have work today?

– Αυτές τις μέρες όχι. Καλά είμαι. Νομίζω, δηλαδή. Απλώς...

– Not these days, no. I'm alright. I mean, I think so. It's just that...

– Απλώς τι;

– It's just what?

– Υπάρχει κάτι που δε λέω στον ψυχολόγο.

– There is something I'm not telling the therapist.

– Δηλαδή;

– What do you mean?

– Δηλαδή... νομίζω πως ντρέπομαι για κάτι. Κάτι από παλιά.

– I mean... I think that there's something I feel ashamed for. Something from the past.

– Πόσο παλιά;

– How far back?

– Μάλλον πολύ. Δεν το θυμάμαι καθόλου, δεν έχω ιδέα τι μπορεί να είναι.

– Probably long ago. I can't remember it at all, I have no idea what it might be.

Συνεχίζω να γράφω, αλλά ο υπολογιστής ξαφνικά κλείνει. Η μπαταρία μάλλον. Κοιτάω την ώρα. Ο σκύλος μου περιμένει ήδη μπροστά στην πόρτα για τη βόλτα του.

I keep on typing, but the computer suddenly switches off. It's probably the battery. I look at the time. My dog is already waiting in front of the door for his walk.

22

Στο πάρκο, ο σκύλος τρέχει παντού. Εγώ κάθομαι, ευτυχώς τρέχει η μύτη μου για μένα. Ένας τύπος παίζει κιθάρα μέσα στο κρύο και τραγουδάει, κλασικό ροκ. Προτιμώ μπλουζ, αλλά του δίνω λίγα χρήματα ενώ φεύγω από το πάρκο.

At the park, the dog is running everywhere. I'm sitting, luckily my nose is running for me. A guy is playing the guitar in the cold, singing – classic rock. I prefer blues, but I give him some money while I'm leaving the park.

Φτάνω πάλι σπίτι. Ο σκύλος πάει στο δωμάτιο, εγώ ξανακάθομαι στον υπολογιστή. Διαβάζω το τελευταίο μήνυμα: «Είσαι εδώ;»

I get home again. The dog goes to the room, I sit on the computer once more. I read the last message: 'Are you there?'

– Συγγνώμη, μπαταρία. Ήμουν έξω με τον σκύλο.

– Sorry, battery. I've been out with the dog.

– Χαχα, εντάξει, δεν πειράζει. Τι ώρα είναι εκεί;

– *Haha okay, it's fine. What time is it there?*

– Δέκα, εκεί;

– *Ten, and there?*

– Μεσάνυχτα. Τι θα κάνεις τώρα; Εγώ θα πάω για ύπνο.

– *Midnight. What are you gonna do now? I'm going to sleep.*

Τα πόδια μου νιώθουν το κουτί που είναι κάτω.

My feet are feeling the box below.

– Εγώ όχι ακόμα. Έχω κάτι να κάνω.

– *I'm not going yet. I've got something to do.*

– Εντάξει, τα λέμε, καληνύχτα!

– *Alright, talk later, goodnight!*

– Καλό βράδυ, μιλάμε.

– *Goodnight, later.*

Κλείνω γρήγορα τον υπολογιστή. Πάω κάτω από το γραφείο, παίρνω το κουτί. Το ανοίγω.

I quickly switch off the computer. I go under the desk and take the box. I open it.

«Πόσα χρόνια...» σκέφτομαι. Παραδόξως, αν και το φως στο δωμάτιο είναι λίγο, αυτό που έχει μέσα το κουτί φαίνεται πολύ καθαρά. Το παίρνω στα χέρια μου. Το κρατάω για λίγο. Το φέρνω στο στόμα μου. Φυσάω.

'How many years...', I think to myself. Surprisingly, although the light in the room is dim, what the box contains is clearly visible. I take it in my hands. I hold it for a while. I bring it to my mouth. I blow.

Το σώμα μου ηλεκτρίζεται.

My body is electrified.

23

«Πού ήσουν τόσον καιρό;»

'Where had you been all that long?'

Ενώ το κρατάω, με κοιτάζει αινιγματικά.

While I'm holding it, it's looking at me enigmatically.

– Κάτω από τα πόδια σου.

– Right under your feet.

– Ε; Τι; Εντάξει, αυτό ήταν, χρειάζομαι ψυχίατρο, όχι ψυχολόγο. Ακούω φωνές. Τα σαξόφωνα μιλάνε;

– Uh? What? Okay, that does it, I need a psychiatrist, not a psychologist. I'm hearing voices. Can saxophones speak?

– Μόνο μετά από είκοσι εφτά χρόνια.

– Only after 27 years.

– Μα…! Τι…;

– *But…! What…?*

– Θυμάσαι να παίζεις;

– *Do you remember how to play?*

– Είναι πολλά χρόνια που δεν παίζω…

– *It's been many years that I haven't.*

– Έλα.

– *Come.*

Παίρνω το όργανο και το φέρνω πάλι στο στόμα μου. Φυσάω. Βγαίνουν οι πρώτες νότες. Το «Μοριτάτ» – ή αλλιώς: «Ο Μακ με το Μαχαίρι» – του Κουρτ Βάιλ, όπως το παίζει ο Σόνι Ρόλινς.

I take the instrument and bring it to my mouth again. I blow. The first notes come out. It's 'Moritat' – also known as 'Mack the Knife' – by Kurt Weill, the way it's played by Sonny Rollins.

Τα τα τααα τατα. Τατα τα τααα τατα.

Tuh tuh tuuh tutuh. Tutuh tuh tuuh tutuh.

Παίζω τα πρώτα οχτώ μέτρα. Μόνο τόσο θυμάμαι. Σταματάω.

I play the first eight bars – that's all I can remember. I stop.

– Ξεχνάς εύκολα.

– You forget easily.

– Μη μιλάς. Παίζω.

– Shut up. I'm playing.

Σιγά-σιγά η μελωδία έρχεται ξανά στο μυαλό μου.

Bit by bit, the melody is coming back to my head.

Τελικά η νοσταλγία δεν είναι τόσο κακή. Αν και, σήμερα δεν παίζω ακριβώς σαξόφωνο. Μάλλον κακόφωνο.

Nostalgia isn't that bad after all. Although, today I'm not exactly playing the saxophone. More like the sucksophone.

– Τι ώρα είναι; Δέκα και μισή.

– What time is it? Half ten.

– Μην κοιτάς, ακόμα νωρίς είναι. Έλα, παίζεις τώρα.

– Don't check the time, it's still early. Play on.

– Επιτέλους συμφωνούμε σε κάτι.

– We finally agree on something.

24

– Αρκετά για σήμερα νομίζω, νυστάζω. Παίζω σχεδόν δύο ώρες.

– Enough for today I think, I'm sleepy. I've been playing for nearly two hours.

– Ναι, κι εγώ. Η τελευταία φορά ήταν πριν δώδεκα χρόνια. Πάει καιρός...

– Yeah, me too. The last time was twelve years ago. It's been a long time...

– Ναι. Τώρα θα πάω στο κρεβάτι.

– Yes. I'm gonna go to bed now.

– Κι εγώ;

– What about me?

– Εσύ τι; Θα πας στο κουτί σου.

– What about you? You're going into your box.

– Ναι, αλλά… Δε μου αρέσει να μένω κάθε βράδυ εδώ, κάτω από αυτό το γραφείο. Και απόψε, δε θέλω ούτε το κουτί. Θέλω λίγο αέρα.

– Yeah but… I don't like staying here every night, under this desk. And tonight, I don't want the box either. I need some air.

– Και τι θες δηλαδή;

– What do you want then?

– Έχω μια ιδέα… Ξέρεις… μπορούμε να—

– I've got an idea… You know… We can—

– Πφφ, καλά, ξέρω τι ιδέα έχεις… Εντάξει, έλα.

– Ugh, fine, I know what your idea is… Alright, come on.

Στο δωμάτιο, τα φώτα κλείνουν.

In the room, the lights switch off.

– Δεν είναι περίεργο να κοιμάμαι με ένα σαξόφωνο;

– Isn't it weird for me to sleep with a saxophone?

– Θα είναι το μικρό μας μυστικό.

– *It will be our little secret.*

– ...Τι θες από τη ζωή μου;

– *...What do you want from my life?*

– Μη μου μιλάς έτσι, το ξέρεις κι εσύ πως ήταν ώρα για το επόμενο βήμα στη σχέση μας.

– *Don't talk to me like that, you know it too that it was about time for the next step in our relationship.*

– Λοιπόν, ώρα για ύπνο.

– *Right, time to sleep.*

– Τι θα έχει αύριο το μουσικό μας μενού;

– *What's going to be on our music menu tomorrow?*

– ...Καληνύχτα.

– *...Goodnight.*

PART IV - EPILOGUE

25

Η εβδομάδα περνάει γρήγορα όταν παίζεις μουσική. Κάτι αλλάζει μέσα μου σιγά-σιγά. Σαν να βρίσκω πράγματα στην ψυχή μου που προτιμώ να κρατάω μέσα σε ένα κουτί. Μα όταν το ανοίγω, αυτό που νιώθω είναι ελευθερία, αλλά και φόβος.

The week goes by fast when you play music. Something is changing inside me, bit by bit. As if I'm finding things in my soul that I prefer to keep inside a box. But when I open it, what I feel is freedom. And fear.

Μπαίνω πάλι για ψυχοθεραπεία.

I walk into therapy again.

Το ίδιο γνωστό μοτίβο. Ο ψυχολόγος με υπνωτίζει, κλείνω τα μάτια, και αρχίζει το επεισόδιο. Είμαι σπίτι μου, μετά το σχολείο, με τη μαμά και τον μπαμπά. Φωνάζουν ο ένας στον άλλον. Εγώ φοβάμαι, κλαίω και προσπαθώ να πάω στο δωμάτιο. Αλλά περπατάω πολύ αργά, και δε φτάνω ποτέ στην πόρτα.

The same well-known pattern. The therapist hypnotises me, I close my eyes, and the episode starts. I'm home, right after school, with Mum and Dad. They're shouting at each other. I'm scared, I'm crying, and trying to get to the room. But I'm walking too slowly and I never get to the door.

Κάθε φορά που κάνουν διάλειμμα από τις φωνές τους, φωνάζουν σε μένα:

Every time they take a break from shouting at each other, they shout at me:

«Δε θα κάνεις τίποτα στη ζωή σου! Δεν ξέρεις ότι δεν έχουμε λεφτά; Έχεις ιδέα πόσο δύσκολη είναι η ζωή μας; Καταλαβαίνεις ότι ζούμε για σένα; Τι άλλο θέλεις από μας;»

'You're never gonna do anything in life! Don't you know we don't have any money? Do you have any idea how difficult our life is? Do you realise that we're living for you? What else do you want from us?'

Με την τελευταία φράση, όλα γίνονται μαύρα.

With that last phrase, everything goes black.

Image by Gordon Johnson from Pixabay.

26

Αρχίζει καινούργια σκηνή. Εγώ βγαίνω από το δωμάτιό μου, είμαι ήδη είκοσι πέντε χρονών. Στο σαλόνι, οι γονείς μου πίνουν κάτι, αλλά δε βλέπω καλά τι. Μιλάνε, αλλά όχι πολύ καθαρά. Ενώ τους κοιτάω, ακούω μια φωνή μέσα στο αφτί μου:

A new scene starts. I'm exiting my room, I'm already twenty-five. In the living room, my parents are drinking something, but I can't see too well what it is. They're talking, but not very clearly. While looking at them, I hear a voice inside my ear.

«Μέχρι πότε θα σου δίνουμε λεφτά; Δεν έχεις ιδέα πόσο δύσκολο είναι για μας! Δεν κάνεις τίποτα σωστά. Όλη μέρα με τη μουσική, δεν ξέρεις να κάνεις τίποτα άλλο. Ούτε δουλειά βρίσκεις, ούτε λεφτά έχεις. Θα σε έχουμε μια ζωή εδώ! Είσαι ένα τίποτα.»

'Till when are we going to be giving you money? You have no idea how difficult it is for us! You can't do anything right. For you it's just music all day long, you don't know how to do anything else. You're not finding any job, and you don't have any

money either. We're gonna have you here for the rest of our lives! You are a nobody.'

Ξυπνάω σε πανικό, φωνάζω – «Κάνω! Κάνω κάτι στη ζωή μου! Έχω δουλειά τώρα! Και λεφτά! Δε μένω πια εδώ! Όλα καλά τώρα; Δεν παίζω πια μουσική! Εντάξει τώρα;»

I wake up in panic, shouting 'I am! I am doing something with my life! I do have a job now! And money! Is that okay now? I'm not playing music anymore! Are you happy now?'

Βάζω τα χέρια μου στο πρόσωπό μου, και κλαίω σαν να είμαι οχτώ χρονών.

I put my hands on my face, and I start crying as if I were eight years old.

27

Ο ψυχολόγος μου δίνει ένα χαρτομάντηλο. Μετά κι άλλο. Κι άλλο. Στο τέλος μου δίνει όλο το κουτί.

The therapist hands me a tissue. Then another one. And another one. Eventually, he hands me the whole pack.

– Είσαι εντάξει;

– Are you alright?

– Έτσι νομίζω.

– I think so.

– Σίγουρα;

– Are you sure?

– ...Δε νομίζω...

– ...I don't think so...

Κλαίω λίγο ακόμα.

I cry a bit more.

– Πώς μπορώ να μη θυμάμαι ότι τα πράγματα στο σπίτι μου ήταν έτσι; Πώς γίνεται;

– How can I not remember that things at home used to be like that? How is it possible?

– Δεν είναι ότι δεν το θυμάσαι. Είναι ότι δεν το σκέφτεσαι ποτέ. Από όταν ήσουν παιδί. Το μπλοκάρεις.

– It's not that you can't remember it. It's that you never think about it. Since you were a kid. You're blocking it.

– Ντρέπομαι που έρχομαι από ένα τέτοιο σπίτι. Αλλά πιο πολύ, ντρέπομαι που ήμουν έτσι. Και ντρέπομαι που είμαι έτσι ακόμα.

– I'm ashamed to be coming from such a family. But most of all, I'm ashamed for having been like that. I'm ashamed for still being like that.

– Έτσι, πώς;

– Like how?

– Δεν είχα ποτέ την ψυχική δύναμη να κάνω αυτά που θέλω. Ακούω πάντα τι λένε οι άλλοι.

– I've never had the mental strength to do the things I want. I always listen to what others think.

– Και αυτή η νοσταλγία που λες ότι έχεις στο μυαλό σου;

– What about that nostalgia which you say you have on your mind?

– Δεν ξέρω, εσύ είσαι ο ψυχολόγος. Τι πιστεύεις;

– I don't know. You are the therapist. What do you think?

– Ότι δεν είναι νοσταλγία. Είναι ένας τρόπος να γυρίζεις πίσω στο χρόνο για μια δεύτερη ευκαιρία. Μια ευκαιρία να κάνεις τα πράγματα αλλιώς. Αλλά παράλληλα, δε θέλεις να το σκέφτεσαι, και το μυαλό σου το μπλοκάρει.

– I think that it's not nostalgia. It's a way to go back in time for a second chance. A chance to do things differently. But at the same time, you don't want to think about it, and your mind blocks it.

– Πόση ώρα έχουμε ακόμα; Τι ώρα είναι;

– How much time do we have left? What time is it now?

– Ώρα να πας σπίτι για σήμερα.

– Time for you to go home for today.

28

«Να πάω σπίτι...

'Go home...

Εύκολο να το λες. Ποιος ξέρει ποιος δαίμονας περιμένει πάλι εκεί. Και τώρα έχω και αυτό το όργανο που μου μιλάει κάθε φορά που με βλέπει. Πφφ... Τι θα κάνω;»

Easy to say. Who knows what demon awaits there again. And now, I have that instrument that talks to me every time it sees me. Ugh... What am I gonna do?'

Αυτά σκέφτομαι στο τρένο, ενώ κάθομαι δίπλα σε έναν τύπο που διαβάζει ένα πορνογραφικό περιοδικό κάτω από τη ζακέτα του. Ο καθένας έχει προβλήματα με διαφορετικά όργανα, υποθέτω.

That's what I'm thinking about on the train, while sitting next to a guy who's reading a pornographic magazine under his cardigan. Each person has problems with different types of instruments, I suppose.

Και ίσως, όλοι έχουμε κάτι που μας κάνει να ντρεπόμαστε. Κάτι που προτιμάμε να κρατάμε κάτω από τη ζακέτα μας, ή να το καλύπτουμε πίσω από μία αμνησία, χωρίς ποτέ να το αποκαλύπτουμε, ούτε καν στον εαυτό μας.

And maybe, we all have something that makes us feel ashamed. Something that we prefer to keep under our cardigan, or cover up behind some amnesia, without ever uncovering it, not even to ourselves.

Ο τύπος δίπλα μου ξεχνάει για λίγο ότι είναι στο τρένο, βγάζει το περιοδικό από τη ζακέτα του, και το φέρνει μπροστά του. Μάλλον η ιστορία έχει πολύ καλό σενάριο.

For a moment, the guy next to me forgets that he's on the train, takes the magazine out of his cardigan, and brings it in front of him. The story must have a really good script.

Βγαίνω από βαγόνι.

I exit the wagon.

29

Μπαίνω σπίτι. Ο σκύλος έρχεται στην πόρτα. Με κοιτάει σαν ένας παλιός φίλος, που με ξέρει καλά. Μα εγώ; Πόσο καλά τον ξέρω; Και τι θέλω από εκείνον;

I get in the house. The dog comes to the door. He's looking at me like an old friend who knows me well. What about me though? How well do I know him? And what do I want from him?

Πάω στο γραφείο και ανοίγω το τσατ. Δεν έχω μηνύματα. Αρχίζω να γράφω.

I walk to the desk and open the chat. I have no messages. I start typing.

«Πολύ δραματική η ψυχοθεραπεία σήμερα. Φαίνεται ότι δεν έχω πολλά καλά πράγματα να θυμάμαι από τα παιδικά μου χρόνια. Εσύ τι κάνεις;»

'Today's therapy was very dramatic. It seems that I don't have many good things to remember from my childhood. How are you doing?'

Περιμένω λίγο. Ξαναγράφω.

I wait a while. I type again.

«Είσαι εδώ;»

'Are you there?'

Περιμένω λίγο ακόμα. Δεν έρχεται μήνυμα.

I wait a bit longer. No message comes.

Κλείνω τον υπολογιστή.

I switch off the computer.

Κοιτάω τον σκύλο, που κάθεται μόνος του στον καναπέ.

I look at the dog, who's sitting alone on the sofa.

«Έλα, πάμε βόλτα.»

'Come, let's go for a walk'.

Βγαίνουμε έξω. Δεν κάνει πια κρύο. Τον βλέπω να τρέχει παντού με τη γλώσσα έξω, νιώθω ότι σχεδόν γελάει, και χαίρομαι. Πρώτη φορά χαίρομαι τόσο πολύ με μια βόλτα.

We get out. It's not cold anymore. I'm watching him run everywhere with his tongue out, I feel that he's almost laughing, and I feel glad. That's the first time I'm feeling so glad to be on a dog walk.

Η ώρα περνάει όμορφα. Γυρίζουμε σπίτι.

Time goes by pleasantly. We go back home.

Αφήνω τον σκύλο στο σαλόνι, και πάω στο υπνοδωμάτιο. Πάνω στο κρεβάτι, είναι ακόμα εκεί και με περιμένει. Με βλέπει, και μου μιλάει:

I leave the dog in the living room, and go to the bedroom. On the bed, it's still there, waiting for me. It sees me, and talks to me:

«Λοιπόν; Τι θα κάνουμε σήμερα;»

'So? What are we doing today?'

30

– Σήμερα λέω να πάμε για Ρασάν Ρόλαντ Κερκ. Το «Ντόμινο». Τι λες;

– *Today, I'm thinking of going for Rahsaan Roland Kirk. 'Domino'. What do you think?*

– Λέω ότι μιλάς πολύ και δεν παίζεις. Πάμε.

– *I think that you talk too much and you're not playing. Let's get to it.*

Το παίρνω και πάω στο σαλόνι. Στέκομαι δίπλα στο γραφείο, και δίνω έναν ρυθμό με το πόδι μου, σαν μετρονόμος.

I take it and I go to the living room. I stand next to the desk and set a rhythm with my foot, like a metronome.

Το φέρνω στο στόμα μου, φυσάω τις πρώτες νότες. Βγαίνουν χωρίς να προσπαθώ, τα χέρια μου πάνε σχεδόν αυτόματα, σαν να ξέρουν τι πρέπει να κάνουν, σαν να περιμένουν καιρό αυτήν τη στιγμή.

I bring it to my mouth, and blow the first notes. They come out without me trying, my fingers are going almost automatically, as if they know what they have to do, as if they've been waiting for this moment for some time now.

Παίζω τη βασική μελωδία για περίπου ένα λεπτό, δε θυμάμαι το σόλο, αλλά προσπαθώ να σολάρω κάτι δικό μου. Ευτυχώς κανένας δεν ακούει το πιο αντιαισθητικό σόλο στη μουσική ιστορία, και αρχίζω να παίζω κάτι άλλο, πριν να είναι πολύ αργά.

I play the main melody for about a minute, I can't remember the solo, but I'm trying to play something of my own. Luckily, no one gets to listen to the most unaesthetic solo in music history, and I start playing something else before it's too late.

Αλλάζω σε Τζον Κολτρέιν, το «Ναΐμα». Τουλάχιστον αυτό δεν έχει σόλο για σαξόφωνο. Παίζω τρία λεπτά και το τελειώνω.

I switch to John Coltrane, 'Naima'. At least this one doesn't have a sax solo. I play for three minutes and I finish it.

«Εντάξει, κάτι θυμάσαι.»

'Alright, you do remember a few things.'

«Τώρα ναι, θυμάμαι», λέω, ενώ κοιτάζω γύρω μου.

'Now, yes, I do remember', I say, while looking around me.

31

Δε μένω πια εδώ. Είναι πολλά χρόνια τώρα που ζω μακριά, πολύ έξω από μένα, πολύ έξω από αυτό που είμαι... Είναι καιρός να πάω πιο κοντά μου.

I don't live here anymore. It's been many years that I've been living far, far outside myself, far outside what I am... It's time to move closer to me.

Δεν έχω πολύ όμορφη ζωή. Αλλά μπορώ να την κάνω πιο όμορφη. Πηγαίνω μόνο μπροστά – γιατί δεν υπάρχει άλλος δρόμος. Τίποτα δε με κρατάει πίσω πια.

I don't have a very beautiful life. But I can make it more beautiful. I'm only moving ahead, because there is no other path. Nothing's holding me back anymore.

Δεν έχω πολύ όμορφη ζωή. Όμως τώρα επιτέλους νιώθω ότι...

I don't have a very beautiful life. But now, I can finally feel that...

Τώρα επιτέλους, νιώθω.

Now, I can finally feel.

Θέλω το κουτί με το σαξόφωνο να είναι κάπου αλλού. Όχι κάτω από το γραφείο, αλλά κάπου που να μπορώ να το παίρνω εύκολα.

I want the saxophone box to be somewhere else. Not under the desk, but somewhere where I can get it easily.

Μα τώρα... Τώρα δε θα έχω πού να βάζω τα πόδια μου όταν κάθομαι.

But now... Now I won't have anywhere to put my feet on when I sit.

Δεν πειράζει. Από σήμερα, στέκομαι.

It's okay. From today on, I stand.

ΤΕΛΟΣ

THE END

ΜΕΓΑΛΟ ΓΛΩΣΣΑΡΙΟ

-

GRAND GLOSSARY

ΑΛΦΑ

αγαπάω	*v.* to love
αγάπη [η]	*n.* love
αγαπημένος -η -ο	*adj.* favourite
άγνωστος -η -ο	*adj.* unknown
αισθητική [η]	*n.* aesthetics
ακόμα	*adv.* 1. still; 2. yet; 3. more; 4. even (more)

Also seen as *ακόμη*. The third meaning can express an addition, but never a comparison.
Θέλω λίγο χρόνο ακόμα. - I need some more time.
The fourth meaning acts as an intensifier.
Είναι ακόμα καλύτερη τώρα. - She is even better now.

ακόμα και   *adv.* even
Introducing something surprising or paradoxical.
Ακόμα κι εγώ μπορώ να το κάνω. - Even I can do it.

ακόμα κι αν   *conj.* even if

ακριβός -ή -ό   *adj.* expensive
Opposite: *φτηνός -ή -ό* 'cheap'.

ακριβώς   *adv.* exactly
The adverb comes from an Ancient Greek adjective, which also exists in Modern Greek: *ακριβής -ής -ές* ' precise, exact'.
In Ancient Greek, it also had the meaning of 'frugal, thrifty, stingy', which generated a new adjective meaning 'expensive':
ακριβός -ή -ό.

αλήθεια [η]   *n.* truth
Often without an article.
Λέω αλήθεια. - I'm telling the truth.
Also, often used as the adjective 'true', or the adverb 'really':
Είναι αλήθεια. - It's true.
Αλήθεια; - Really?

αλλά   *conj.* but, however

αλλάζω   *v.* to change

αλλιώς   *adv.* 1. in a different way;
                     2. otherwise

αλλού   *adv.* elsewhere

αν   *conj.* if

αν και   *conj.* although

άνθρωπος [ο]   *n.* person, human

ανοίγω   *v.* 1. to open;

                     2. to switch on

άνοιξη [η]   *n.* spring (the season)
The idea is that after winter, the weather
'opens up', i.e., it becomes better. The Greek
expression is: *Ο καιρός ανοίγει.*

απλός -ή -ό   *adj.* simple

απλώς   *adv.* simply, just
You might also come across another adverb,
from the same adjective: *απλά* 'simply, in a
simple manner'. According to the grammar, the
two words cannot be used interchangeably, but
native speakers often replace *απλώς* with *απλά*,
using *απλά* as: 'just, simply'.
Απλώς το θέλω. / Απλά το θέλω. – I just want it.
However, you cannot do this the other way
around, and replace *απλά* with *απλώς*.

Μιλάει απλώς. - She is just talking.
Μιλάει απλά. - She speaks simply, in a simple way.

απόγευμα [το]	*n.* late afternoon, early evening
αποκαλύπτω	*v.* 1. to reveal, to uncover
αποκάλυψη [η]	*n.* 1. revelation; 2. Apocalypse

The word cannot used metaphorically to mean a dystopian reality, like in other languages. If it is used to mean 'Apocalypse', it can only refer to the Revelation in the Bible, and not to something metaphorical.

απόψε	*adv.* tonight
αργά	*adv.* 1. slowly; 2. late
αργός -ή -ό	*adj.* slow
αρκετά	*adv.* 1. enough; 2. quite
αρκετός -ή -ό	*adj.* 1. enough; 2. quite a lot of, quite a bit of
αρχίζω	*v.* to start, to begin

άσπρος -η -ο   *adj.* white

άτομο   *n.* 1. atom; 2. individual, person

The word literally means 'that which you cannot cut'. This is because atoms were once considered the smallest unit of matter, which you cannot divide into anything smaller. This meaning was extended to the notion of 'individual person', which is the smallest unit of society. The English word 'individual' has a similar pattern, coming from a Latin word that meant 'indivisible, that which cannot be divided'.

αυτο-   *pref.* self-

You see it in words like *αυτοκίνητο* 'car, automobile, lit: self-moving', *αυτοδίδακτη* 'self-taught, autodidact', *αυτοκαταστροφικό* 'self-destructive', *αυτοσαρκασμός* 'self-deprecation' This happens because in Ancient Greek, the word used to refer to the self.

αυτόματα   *adv.* automatically

αυτόματος -η -ο   *adj.* automatic

αφήνω   *v.* 1. to leave (something);

                                    2. to let, to allow

Keep in mind that the first meaning of the verb does not express 'to depart, to leave from a place' (which in Greek is *φεύγω*). It is used in phrases like 'I leave the keys on the desk' or 'I leave something behind'.

αφτί [το]   *n.* ear

Sometimes spelt *αυτί*.

BHTA

βάζω   *v.* 1. to put;

                        2. to put in, to insert

An extensively used all-round verb, which in everyday language often replaces 'to add', 'to use', 'to put on' or 'to force'.

βασικός -ή -ό   *adj.* basic, main, primary

From *βάση [η]* 'base'. Colloquially, native speakers often use the adverb *βασικά* 'basically', the same way it is used in English.

βάρος [το]   *n.* 1. weight; 2. burden

βγάζω   *v.* 1. to take/bring out;

                        2. to remove;

                        3. to issue, to produce

βγαίνω   *v.* to go out, to come out, to exit

βήμα [το]   *n.* step

βοηθάω   *v.* to help

βοήθεια [η]   *n.* help

βόλτα [η]   *n.* 1. walk, stroll;
              2. leisure ride or short trip

βρέχω   *v.* to make something wet,
              to soak

βρέχει   *v.* it rains, it is raining

βρίσκω   *v.* to find

The words *eureka* (*εύρηκα* - lit: 'I have found')
and *heuristics* come from the ancient form of
the verb: *ευρίσκω*.

βροχή [η]   *n.* rain

ΓΑΜΜΑ

γελάω	*v.* to laugh
γενικά	*adv.* generally, in general
για	*prep.* 1. for; 2. about
για να	*conj.* in order to
γιασεμί [το]	*n.* jasmine
γίνομαι	*v.* 1. to become;
	2. to happen, to occur;
	3. to be possible or feasible

In the third person, *γίνεται / γίνονται* are often used in the second and third meaning of the verb:

Γεια, τι γίνεται; - Hey, what's up?
Αυτό δε γίνεται - This cannot be done.

γλυκός -ιά -ό	*adj.* sweet
γνωστός -ή -ό	*adj.* 1. known; 2. well-known
γονείς [οι]	*n.* parents (masculine)

γούστο [το]   *n.* taste

It refers to the taste that a person has, i.e., their preferences, as in: 'She has a good taste'. It does not refer to the sense of taste, or the taste of a food/drink (both of which are *γεύση*).

γράφω   *v.* to write

γραφείο   *n.* 1. desk; 2. office

γρήγορα   *adv.* quickly, swiftly

γρήγορος -η -ο   *adj.* fast, swift

γυαλί [το]   *n.* glass

The plural, *γυαλιά [τα]*, can also mean 'glasses', as in sunglasses or eyeglasses, like in English.

γυμναστική [η]   *n.* physical exercise,
                              working out

From *γυμνός -ή -ό* 'nude', because in Ancient Greece people used to work out naked.

γυρίζω   *v.* 1. to turn; 2. to spin;
                        3. to return

Another common version is *γυρνάω*.

γύρω   *prep.* around

ΔΕΛΤΑ

δαίμονας [ο]   *n.* demon

δεύτερος -η -ο   *adj.* second

The neuter gender can also be a short form of the noun *δευτερόλεπτο* 'second' (the unit of time).

δηλαδή   *conj.* that is to say,

in other words

Extensively used in the language, in order to provide or ask for additional information.

διαβάζω   *v.* to read

διάβασμα [το]   *n.* reading

διακοπή [η]   *n.* pause, interruption

διακοπές [οι]   *n.* holidays (feminine)

διάλειμμα [το]   *n.* break

διάρροια [η]   *n.* diarrhoea

Literally: 'flowing through', [*δια* 'through' + *ρέω* 'to flow'].

δικός -ή -ό   *adj.* own (e.g., 'my own',
'your own', or: 'mine',
'yours', etc.)

δίνω   *v.* to give

δίπλα   *prep.* 1. next to, beside;
2. next door

δουλειά   *n.* job, work

If you move the stress one letter to the left, then it becomes *δουλεία [η]* and it means 'slavery'. This is because the word comes from Ancient Greek for 'slave', which nowadays is *δούλος [ο]* or *δούλα [η]*. The feminine version, has also given us English *dula* 'a woman who assists in childbirth', because *δούλα [η]* later also meant 'maidservant' in Modern Greek, apart from 'female slave'.

δουλεύω   *v.* 1. to work
2. to kid, to troll
(metaphorical)

δρόμος [ο]   *n.* street, road

δύναμη [η]   *n.* 1. force; 2. strength;
                  3. power

δυστυχώς   *adv.* unfortunately
From δυσ + τύχη. The prefix δυσ- denotes that something is bad, negative, or done with difficulty (the opposite prefix is ευ-). We also see it in the English word *dysfunctional*. The noun τύχη means 'luck, fortune'.

δωμάτιο [το]   *n.* room (of a building)

ΕΨΙΛΟΝ

εαυτός [ο]   *n.* self

εβδομάδα [η]   *n.* week
From *έβδομος -η -ο* 'seventh'. Often seen as *βδομάδα* in everyday language.

εδώ   *adv.* here
As you may have noticed in the story, Greek speakers often say 'Are you here?' when someone seems to be away from keyboard, meaning 'Are you still present in the conversation?', whereas English speakers tend to say 'Are you there?'.

εκεί   *adv.* there

εκείνος -η -ο   *pron.* that one, that

εκκλησία [η]   *n.* church

ελευθερία [η]   *n.* freedom

ελπίδα [η]   *n.* hope

ελπίζω   *v.* to hope

ενδιαφέρον   *adj.* interesting

This is the neuter gender of the adjective, and its most common form in the language. The word follows an archaic paradigm, and it is gendered as: *ενδιαφέρων - ενδιαφέρουσα - ενδιαφέρον*.

The neuter form can also be used as the noun 'interest (in something)'.

ενδιαφέρω   *v.* to interest

εννοώ   *v.* to mean to say

Only used to describe what a person means. It cannot describe what a word, phrase or symbol means (for this purpose, you would use *σημαίνει*).

ενώ   *conj.* 1. while; 2. whereas

εξωτερικό [το]   *n.* places abroad

Usually preceded by *στο*. Originally an adjective meaning 'outer, exterior'. The opposite is *εσωτερικό* 'inner, interior'. Compare to English *esoteric*.

επειδή   *conj.* because

επιτέλους   *adv.* 1. at last, finally;
                                    2. already (showing
                                    impatience)

In its first meaning, it is only used as an expression of relief, e.g., ending a long wait. In its second meaning, it only expresses feelings of impatience and frustration:

Πάμε επιτέλους! - Let's go already!

επόμενος -η -ο   *adj.* next

εποχή [η]   *n.* season, era, epoch

έρχομαι   *v.* to come

έτσι   *adv.* 1. this way, thus, like this; 2. therefore, so;

έτσι κι αλλιώς   *adv.* 1. anyway; 2. besides

It expresses that a situation is not affected by certain parameters:

– Συγγνώμη, δεν έχω καφέ. - Sorry, I don't have any coffee.

– Δεν πειράζει, έτσι κι αλλιώς δεν πίνω. - It's okay, I don't drink coffee anyway. / It's okay. Besides, I don't drink coffee.

ευκαιρία [η]   *n.* chance, opportunity

From *ευ + καιρός*. Literally, 'when the time is good', 'when the time is right'.

ευτυχώς   *adv.* fortunately, luckily

From $\varepsilon \upsilon$ + $\tau \acute{\upsilon} \chi \eta$. The prefix $\varepsilon \upsilon$- denotes that something is good, positive, or done with ease (the opposite prefix is $\delta \upsilon \sigma$-). The noun $\tau \acute{\upsilon} \chi \eta$ means 'luck, fortune'.

ZHTA

ζακέτα [η]   *n.* cardigan

ζάχαρη [η]   *n.* sugar

ζέστη [η]   *n.* heat

ζεστός -ή -ό   *adj.* warm, hot

ζω   *v.* to live, to be alive

HTA

ήδη   *adv.* already

ημερολόγιο [το]   *n.* 1. calendar; 2. diary

ήχος [ο]   *n.* sound

Do not confuse with *ηχώ [η]* 'echo'.

ΘΗΤΑ

θέλω	v. 1. to want; 2. to need
θέμα [το]	n. 1. topic, theme;
	2. issue, problem
θυμάμαι	v. to remember

- -

ΙΩΤΑ / ΓΙΩΤΑ

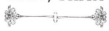

| ίδιος -α -ο | adj. same |
| ίσως | adv. maybe |

ΚΑΠΠΑ

καθαρός -ή -ό   *adj.* clean, clear

καθαρά   *adv.* clearly

κάθε   *pron.* every

καθημερινός -ή -ό   *adj.* everyday, daily

κάθομαι   *v.* to sit, to sit down

καθόλου   *adv.* (not) at all

καινούργιος -α -ο   *adj.* new
The most common adjective for 'new'.

καιρός [o]   *n.* 1. time; 2. weather
In its first meaning, it normally refers to long periods of time, usually a few weeks or months.

καλύπτω   *v.* to cover

καλωσήρθατε   *v.* welcome
This form addresses more than one person, or is used in formal situations. The singular form is *καλωσήρθες*.

καμιά φορά	*adv.* sometimes
καναπές [ο]	*n.* sofa, couch
κανένας	*pron.* 1. nobody; 2. anybody

The pronoun features all three genders:
κανένας – καμία – κανένα '1. none; 2. any'.

κάνω	*v.* 1. to do; 2. to make
καπέλο [το]	*n.* hat
κάποιος -α -ο	*pron.* someone, some (certain)
κάποτε	*adv.* at some point in time, once
κάπου	*adv.* somewhere
κάπως	*adv.* 1. somehow; 2. somewhat, sort of
καρδιά [η]	*n.* heart
κάτι	*pron.* something
κάτω	*adv.* under, below

κλαίω	*v.* to cry, to weep
κλείνω	*v.* 1. to close, to shut;
	2. to switch off;
	3. to book
κλισέ	*adj.* cliché
κοιτάζω	*v.* to look at

A very common alternative form is *κοιτάω*.

κόκκινος -η -ο	*adj.* red
κοντά	*adv.* near, nearby, close
κόσμος [ο]	*n.* 1. world; 2. people
κοσμοθεωρία [η]	*n.* worldview

In Ancient Greek, the word *θεωρία [η]* 'theory' meant 'viewing, sight'. This is still seen in words like *θέα [η]* 'view (e.g., from a window or high place).'

κουράζω	*v.* to tire
κουραστικός -ή -ό	*adj.* tiring, tiresome
κουτί [το]	*n.* box

κρατάω	*v.* 1. to hold, to keep;
	2. to last
κρύος -α -ο	*adj.* cold
κρύο [το]	*n.* cold
κρυώνω	*v.* 1. to be cold;
	2. to catch a cold;
	3. to make something cold

ΛΑΜΔΑ

λάθος [το]   *n.* mistake

Often used as an adjective or adverb meaning 'wrong' or 'wrongly'.

Η λάθος επιλογή - The wrong choice.

Το κάνεις λάθος. - You're doing it wrongly.

λέω   *v.* 1. to say, to tell

        2. to call by a certain name;

        3. to hold an opinion, to think;

        4. to contemplate an action

The fourth meaning is used with *να*:

Λέω να πάω έξω - I'm thinking of going out.

λεπτό [το]   *n.* minute

λεφτά [τα]   *n.* money (informal, colloquial)

The nouns *λεπτά* 'minutes' and *λεφτά* 'money' are essentially the same word. They both come from the adjective *λεπτό*, which nowadays means 'thin' but one of its past meanings was 'small, weak'. Minutes are the smaller units of time (compared to hours), hence λεπτά. On the other hand, λεφτά comes from the ancient name for small coins: λεπτά. Even today, the Greek name for cents of the euro is λεπτά, and the word for 'money' in some Greek dialects is still λεπτά instead of λεφτά.

λογαριασμός [ο]   1. account; 2. bill

λόγος   *n.* 1. speech; 2. reason

λοιπόν   *conj.* so..., well..., right...
Mainly used to introduce conclusions. Not always found at the start of the sentence.

λύκειο [το]   *n.* high school, lyceum

MI

μα	*conj.* but

Often used to express an objection or complaint.

μαζί	*adv.* together
μακριά	*adv.* far
μάλλον	*adv.* 1. probably; 2. but rather, more like
μαντήλι [το]	*n.* handkerchief
μαύρος -η -ο	*adj.* black
μένω	*v.* 1. to stay; 2. to live, to dwell; 3. to be left, to remain
μερικοί -éς -ά	*pron.* some
μέρος [το]	*n.* 1. part; 2. place
μέσα	*prep.* inside, in
μέσα από	*prep.* through

μεσάνυχτα [τα]   *n.* midnight

μετά   *adv.* afterwards, later;

  prep. after

It cannot be used with verbs, e.g., in 'After you leave'. In this case, you use *αφού*:
Αφού το κάνεις.- After you do it / After you've done it.

μετράω   *v.* 1. to count; 2. to measure;

  3. to matter (metaphorical)

μέτρο [το]   *n.* 1. metre; 2. measure;

  3. bar (in music score)

μέχρι   *prep.* 1. until; 2. to, up to

It can be used for either time or space.
Από το πρωί μέχρι το βράδυ. - From morning time to night time.
Από την Αθήνα μέχρι τη Θεσσαλονίκη. - From Athens to Thessaloniki.

μη   *part.* 1. not (after να);

  2. don't (prohibition)

The particle *μη* replaces *δε* after *να* when negating verbs.

Δε θέλω να το κάνεις. - I don't want you to do it.
Θέλω να μην το κάνεις. - I want you to not do it.

μήνας [ο]   *n.* month

μήνυμα [το]   *n.* message

μήπως   *conj.* 1. by any chance,
                    could it be;

                    2. for fear that, in case, lest

Contrary to popular belief, this word does not
mean 'maybe', and its use is rather specific.

μηχάνημα [το]   *n.* machine

μισανθρωπία [η]   *n.* misanthropy, hatred
                         towards humans

From *μίσος [το]* 'hatred'. You see the same
pattern in the word *misogyny*.

μισός -ή -ό   *adj.* half

μοναξιά [η]   *n.* loneliness

μόνο   *adv.* only

μόνος -η -ο   *adj.* 1. alone; 2. only

μοτίβο [το]   *n.* pattern

μπαίνω   *v.* to enter, to get in,

to come in

Also used to mean 'to go on' when referring to the internet, a webpage, software or an app. e.g.:

Μπαίνω στην εφαρμογή. – To go on the app.

μπανάλ   *adj.* banal

μπροστά   *adv.* 1. forward, ahead;

2. in front of

μυαλό [το]   *n.* mind, brain

μυστικό [το]   *n./adj.* secret

μύτη [η]   *n.* nose

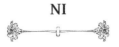

νέος -α -ο   *adj.* 1. new, 2. young

The most common adjective to mean 'young', but slightly more formal than *καινούργιο* when meaning 'new'.

νιώθω   *v.* to feel

This verb cannot be used to describe a vibe, like in English. The sentence *'It feels like home here'* cannot be expressed this way in Greek. Instead, you can say:

Νιώθω σαν στο σπίτι μου εδώ. - I feel like home here.

νομίζω   *v.* to think, to have an opinion,

                                   to be under an impression

The verb can only express an opinion, and usually in a way that conveys uncertainty.

ντρέπομαι   *v.* 1. to be [too] shy;

                                   2. to be embarrassed;

                                   3. to be ashamed

In its second and third meaning, the verb is followed by *που*, not by *ότι* or *πως*.

Ντρέπομαι που δεν ξέρω. - I'm embarrassed for not knowing.

νυστάζω   *v.* to be sleepy

νωρίς   *adv.* early

Ξ

ξανά	*adv.* again
ξανα-	*pref.* re-

Although *πάλι* is a more common word for 'again' than *ξανά*, you will often see *ξανα-* as a verb prefix showing repetition.

ξαφνικά	*adv.* suddenly
ξαφνικός -ή -ό	*adj.* sudden
ξεφεύγω	*v.* to escape
ξεχνάω	*v.* to forget

OMIKPON

όμως   *conj.* however, though, but

όντως   *adv.* 1. indeed; 2. really, actually

όταν   *conj.* when

This is *not* a question word. It can only *refer* to a time, not ask about one.

ότι   *conj.* that

After verbs like 'to know, say, tell think, believe, conclude, find out', etc.

όπως   *adv.* like, just like, as

ούτε   *conj.* neither, nor

ούτε καν   *conj.* not even

Π

παγάκι [το]	*n.* ice cube
πάγος [ο]	*n.* ice
παίζω	*v.* to play (toy, game, instrument)
παίρνω	*v.* to take, to get

In daily use, it often replaces *αγοράζω* 'to buy'.

παίρνω τηλέφωνο	*v.* to call (someone), to make a phone call
πάντα	*adv.* always
παντού	*adv.* everywhere
πάνω	*adv.* on, upon
πάλι	*adv.* again
παλιά	*adv.* in the past, before
παλιός -ά -ό	*adj.* 1. old; 2. former

When referring to living beings, the adjective cannot describe age, but only how long a certain

property or role has been held. The phrase: *Ένας παλιός φίλος*, can mean an old friend or a former friend, but says nothing about their age.
When talking about an elderly person, we commonly use:
μεγάλος -η -ο '1. big; 2. grown-up; 3. old, elderly'.

παπούτσι [το]   *n.* shoe

παράδειγμα [το]   *n.* example

παραδόξως   *adv.* paradoxically

παρέα [η]   *n.* company, group of
                         friends or acquaintances
It can also replace *μαζί* 'together' in everyday language.
Πάμε παρέα - Let's go together.

πειράζω   *v.* 1. to bother, to annoy;
                         2. to tease;
                         3. to harm;
                         4. to tamper with
The original meaning of the word was 'to attempt'. This is reflected in nouns like *πείρα [η]* 'experience gained', *απόπειρα [η]* 'attempt', *πείραμα [το]* 'experiment', *πειρασμός [ο]*

'temptation', *πειρατής [ο]* 'pirate' (lit: he who ventures out).

περίεργος -η -ο	*adj.* 1. strange, odd; 2. curious
περίπου	*adv.* approximately, more or less
περίπτερο [το]	*n.* kiosk
περνάω	*v.* 1. to pass, to go by; 2. to drop by; 3. to spend (time); 4. to exceed
περπατάω	*v.* to walk
πια	*adv.* 1. anymore; 2. now (as opposed to before)

In its second meaning, *πια* introduces a new situation.

Είσαι μεγάλος πια. – *You're all grown up now.*

πιστεύω	*v.* to believe
πίσω	*adv.* 1. back; 2. behind

πλατεία [η]	*n.* town/city square
πληρώνω	*v.* to pay
πόδι [το]	*n.* 1. foot; 2. leg
ποιος -α -ο	*pron.* 1. who (question word only); 2. which (question word only)
πόσο	*adv.* 1. how much; 2. how + adj. (e.g., 'how good'), how + adv. (e.g., 'how well')
πόσος -η -ο	*pron.* how much
πόσοι -ες -α	*pron.* how many
πότε	*adv.* when (question word only)

It can be used in direct questions:
Πότε θα πάμε; - When are we going?
And indirect questions:

Δεν ξέρω πότε θα πάμε. – I don't know when we're going.

ποτέ   *adv.* 1. ncver; 2. ever

που   *pron.* who, which, that
This is *not* a question word. Always unstressed.

πού   *adv.* where
Question word, used in direct and indirect questions. Always stressed.

πού και πού   *adv.* from time to time

πρέπει   *v.* must, to have to
This verb always stays the same, and does not change according to person. What you conjugate is the verb that follows.

πριν   *adv.* 1. before, earlier;

                               2. ago

προηγούμενος -η -ο   *adj.* previous

προς   *prep.* towards

πρόσωπο [το]   *n.* face

προτιμώ   *v.* to prefer

πρωί [το]   *n.* morning

πρώτος -η -ο   *adj.* first

πως   *conj.* that
Interchangeable with *ότι* after verbs.
Always unstressed.

πώς   *adv.* how
Always stressed.

πώς και   *adv.* how come
When the phrase is used standalone, it is
followed by the word *έτσι*:
– Δε θα πάω τελικά. - I'm not going after all.
– Πώς κι έτσι; - How come?

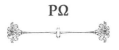

ρούχο [το]   *n.* piece of clothing

ρούχα [τα]   *n.* clothes

Image by Gordon Johnson from Pixabay.

ΣΙΓΜΑ

σαλόνι [το]   *n.* living room

σαν   *adv.* like, as

σημαίνω   *v.* to mean, to signify
Only used for words, phrases, symbols or
gestures. Never for people (in that case you
would use *εννοώ*).

σημαντικός -ή -ό   *adj.* important, significant

σιγά   *adv.* 1. slowly;

                     2. at a low volume

σιγά-σιγά   *adv.* bit by bit, at a slow
                     pace

σίγουρος -η -ο   *adj.* 1. sure; 2. certain

σίγουρα   *adv.* certainly, definitely

σιωπή [η]   *n.* silence

σκέφτομαι   *v.* to think, to contemplate
It cannot express opinions (e.g., 'What do you
think?'), but only brain activity:

Τι σκέφτεσαι; - What are you thinking?
Σε σκέφτομαι. – I'm thinking about you.
and intention (followed by *να*):
Σκέφτομαι να το κάνω. - I'm thinking of doing it.

σκηνή [η]	*n.* 1. tent; 2. stage; 3. scene
σπάνια	*adv.* rarely
σταματάω	*v.* to stop, to cease
σταυρός [ο]	*n.* cross
σταυρώνω	*v.* 1. to cross; 2. to crucify
στέκομαι	*v.* to stand
στιγμή [η]	*n.* moment
στόμα [το]	*n.* mouth
συμφωνία [η]	*n.* 1. agreement; 2. symphony
συμφωνώ	*v.* to agree
συνεχίζω	*v.* to continue
συνήθως	*adv.* usually

συχνά	*adv.* often
σχεδόν	*adv.* almost, nearly
σχέση [η]	*n.* relationship, relation
σώμα [το]	*n.* body
σωστός -ή -ό	*adj.* correct, right

ταινία [η]	*n.* film, movie
ταξίδι [το]	*n.* trip
τελειώνω	*v.* 1. to finish; 2. to end
τελευταία	*adv.* lately
τελευταίος -α -ο	*adj.* last
τελικά	*adv.* 1. after all; 2. eventually

Introduces a conclusion or outcome.

τέλος [το]	*n.* end

τέλος πάντων   *adv.* anyway, whatever

Said only when attempting to change or skip the subject, often expressing indifference, disregard, frustration, or giving up. The phrase literally means 'end of all'.

τέταρτος -η -ο	*adj.* fourth
τέτοιος -α -ο	*pron.* such

τιμή [η]   *n.* price

It can also mean 'honour'. This is not very strange when you think of English 'esteem' (related to honour) and 'estimate' (related to price), since they both refer to the notion of 'value'.

τίποτα   *pron.* 1. nothing;

                    2. anything

τόσο   *adv.* so (much), that (much)

τόσοι -ες -α   *pron.* so many, that many

τόσος -η -ο   *pron.* so much, that much

τότε   *adv.* 1. back then;

                    2. in that case, then

This is not a synonym of *μετά*, as it does not mean 'then' in the sense of 'afterwards'. Instead, it is used to mark a specific time in the past ('back then'), or future.

τουλάχιστον   *adv.* at least

τραγουδάω   *v.* to sing

τρέξιμο [το]   *n.* running

τρέχω   *v.* to run

τρίτος -η -ο   *adj.* third

τρόπος [ο]   *n.* way, manner

τσάντα [η]   *n.* 1. bag; 2. purse

τσατ [το]   *n.* online text chat

τσατάρω   *v.* to chat online via text
The suffix *-άρω* attaches to foreign words to
create verbs, e.g., *μπλοκάρω, τσεκάρω,
παρκάρω, ρισκάρω, φλερτάρω, τεστάρω,
κριτικάρω, φρικάρω*, etc.

τύπος [ο]   *n.* 1. type, kind; 2. guy

ΥΨΙΛΟΝ

υπάρχω	*v.* to exist
υποθέτω	*n.* to assume, to hypothesise
υπολογιστής [ο]	*n.* computer

ΦΙ

φαίνομαι   *v.* 1. to seem, to appear;

                    2. to be visible, to show

The word *φαινόμενο [το]* 'phenomenon', lit: 'that which appears', is derived from this verb.

φέρνω   *v.* to bring

φεύγω   *v.* to leave, to depart

φιλάω   *v.* to kiss

φιλία [η]   *n.* friendship

φοβίζω   *v.* to scare

φοβάμαι   *v.* to be afraid (of), to fear

φόβος [ο]   *n.* fear

φορά [η]   *n.* time (as in: three times, how many times, etc.)

φοράω   *v.* 1. to wear; 2. to put on

φράση [η]   *n.* phrase

φτάνω	*v.* 1. to arrive; 2. to reach; 3. to be enough, to suffice
φτιάχνω	*v.* 1. to make, to craft, to build, to manufacture; 2. to fix, to repair

This is the most common verb that refers to making food or drinks.

φυσάω	*v.* to blow
φυσάει	*v.* it is windy
φύση [η]	*n.* nature
φυσικά	*adv.* 1. naturally; 2. of course
φυσικός -ή -ό	*adj.* natural
φωνάζω	*v.* 1. to shout, to yell; 2. to call over, to summon; 3. to call by a familiar name

The third meaning of the verb works similarly to *λέω* 'to call by a certain name', but only with familiar names.

Με λένε Στεφανία, αλλά με φωνάζουν Νία.
My name is Stefania, but people call me Nia.

φωνή [η]	*n.* voice
φως [το]	*n.* light
φώτα [τα]	*n.* lights

XI

χάνω　　　　　　　*v.* 1. to lose; 2. to miss
The second meaning can express 'To miss the train', but not 'I miss you'.

χαίρομαι　　　　　　*v.* to be glad, to rejoice
The verb is followed by *που*, not by *ότι* or *πως*.
Χαίρομαι που σου αρέσει – *I'm glad that you like it.*

χαρτί [το]　　　　　*n.* paper

χαρτομάντηλο [το]　*n.* tissue

χειμώνας [ο]　　　　*n.* winter

χέρι [το]　　　　　　*n.* 1. hand; 2. arm

χθες　　　　　　　　*adv.* yesterday
Often seen as *χτες*, and less commonly as *εχτές* or *εχθές*.

χιόνι [το]　　　　　*n.* snow

χιονίζει　　　　　　*v.* it snows, it is snowing

χρειάζομαι   *v.* 1. to need;

2. to be needed

χρήματα [τα]   *n.* money (formal)
The singular form, *χρήμα [το]* is rather situational, and is mainly used in economics, or when talking about money in a bad light, e.g., when referring to greed.

χρησιμοποιώ   *v.* to use

χρόνια [τα]   *n.* years (plural)

χρόνος [ο]   *n.* 1. time; 2. year

(singular)

In its first meaning, it mostly refers to time available or time needed, as well as time as a general concept. In its second meaning, it is masculine in the singular and neuter in the plural.

χώρα [η]   *n.* country
Some learners confuse *χώρα [η]* 'country' with *χωριό [το]* 'village'. They both come from *χώρος [ο]* 'space'.

χωρίς   *prep.* without

χώρος [ο]   *n.* space (that something
                                 occupies)

Not used to mean 'outer space'. That is:
διάστημα [το].

ΨΙ

ψάχνω   *v.* to search, to look for, to seek

ψυχή [η]   *n.* soul, psyche

- -

ΩΜΕΓΑ

ώρα [η]   *n.* 1. hour; 2. time

In its second meaning, it refers to a short period of time, usually no more than a few hours, and normally within the same day.

ΣΧΕΤΙΚΑ ΜΕ ΤΟΝ ΣΥΓΓΡΑΦΕΑ
-
ABOUT THE AUTHOR

He was born a few decades ago on the north-western coast of Greece. His Greek name is Γιώργος Καράμπαλης – or Καράμπαλης Γεώργιος if you work for the Greek government. He remained nameless until he got baptised at 6 months old.

After spending too much time alone, he eventually got addicted to language learning. In his effort to cure himself, he studied linguistics in Aberdeen, Scotland, and later repeated the same mistake in Leiden, the Netherlands.

During his studies, he realised that the world does not revolve around him, but most importantly, he learned how to analyse and understand his own language and its structures. He got so excited that he started wanting to share this knowledge with others.

He now teaches Modern Greek to those who can put up with him. In 2021, he co-founded Difficult Greek, a project through which he creates language-learning resources in text, audio, and video format. The core parts of his methodology are comprehensible input, word formation, context, and etymology.

In his free time, he refers to himself in the third person, and he ends his texts suddenly.

Γεννήθηκε μερικές δεκαετίες πριν, στη βορειοδυτική ακτή της Ελλάδας. Το όνομά του στα ελληνικά είναι Γιώργος Καράμπαλης – ή Καράμπαλης Γεώργιος, αν δουλεύετε για το ελληνικό κράτος. Παρέμεινε ανώνυμος μέχρι τη βάφτισή του σε ηλικία 6 μηνών.

Αφού πέρασε υπερβολικά πολύ χρόνο μόνος του, στο τέλος εθίστηκε στην εκμάθηση γλωσσών. Στην προσπάθειά του να θεραπευτεί, σπούδασε γλωσσολογία στο Αμπερντίν, στη Σκωτία, και αργότερα επανέλαβε το ίδιο λάθος στο Λάιντεν, στην Ολλανδία.

Κατά τη διάρκεια των σπουδών του συνειδητοποίησε πως δεν είναι το κέντρο του κόσμου, μα κυρίως έμαθε να αναλύει και να κατανοεί τη γλώσσα του και τις δομές της. Ενθουσιάστηκε τόσο που θέλησε να μοιραστεί αυτή τη γνώση και με άλλους.

Πλέον διδάσκει νέα ελληνικά σε όσους τον ανέχονται. Το 2021 συνίδρυσε τα Δύσκολα Ελληνικά, ένα εγχείρημα μέσα από το οποίο δημιουργεί υλικό γλωσσικής εκμάθησης σε κειμενική, ηχητική και οπτικοακουστική μορφή.

Οι βασικοί πυλώνες τις μεθοδολογίας του είναι το κατανοήσιμο περιεχόμενο, ο σχηματισμός των λέξεων, το συγκείμενο, και η ετυμολογία.

Τον ελεύθερο χρόνο του, αναφέρεται στον εαυτό του στο τρίτο πρόσωπο και τελειώνει τα κείμενά του απότομα.

ΕΠΙΚΟΙΝΩΝΙΑ

-

CONTACT

If after reading this you still wish to contact the author, then there is probably something wrong with you. But if you insist...

Message me here: **sisyphus@difficultgreek.com**

and here: **www.italki.com/yorgos**

See my work here: **www.difficultgreek.com**

and here: **www.youtube.com/@DifficultGreek**

_ . _ . _ . _ . _ . _ . _ . _ . _ . _ . _ . _ . _ . _ . _ . _ . _ . _ . _ . _ .

Thank you very much for reading.
Σας ευχαριστώ για την ανάγνωση.

Printed in Great Britain
by Amazon